山西省大万山公路隧道建造技术

山西静兴高速公路有限公司　编著

人民交通出版社股份有限公司

北京

内 容 提 要

本书共分为12章,记录了山西省大万山公路隧道施工过程中的一些经验和做法。本书将隧道理论知识与山西省大万山公路隧道工程实践相结合,总结了山西省大万山公路隧道的建设经验,探讨了山西省长大公路隧道建设的有关技术问题,如通过增加通风斜井取消竖井以满足运营期的通风安全的隧道通风技术等。此外,本书还介绍了环境保护、风险评估与风险控制、施工管理和文化建设情况。

全书旨在为我国今后长大公路隧道建设实践与探索提供经验和思路,可供从事公路隧道建设工作的工程技术和管理人员参考使用。

图书在版编目(CIP)数据

山西省大万山公路隧道建造技术 / 山西静兴高速公路有限公司编著. — 北京 : 人民交通出版社股份有限公司, 2022.3

ISBN 978-7-114-17781-1

Ⅰ.①山… Ⅱ.①山… Ⅲ.①公路隧道—隧道工程—工程施工—研究—山西 Ⅳ.①U459.2

中国版本图书馆 CIP 数据核字(2021)第 277138 号

Shanxi Sheng Dawanshan Gonglu Suidao Jianzao Jishu

书　　名: **山西省大万山公路隧道建造技术**
著 作 者: 山西静兴高速公路有限公司
责任编辑: 齐黄柏盈
责任校对: 孙国靖　卢　弦
责任印制: 张　凯
出版发行: 人民交通出版社股份有限公司
地　　址: (100011)北京市朝阳区安定门外外馆斜街3号
网　　址: http://www.ccpcl.com.cn
销售电话: (010)59757973
总 经 销: 人民交通出版社股份有限公司发行部
经　　销: 各地新华书店
印　　刷: 北京交通印务有限公司
开　　本: 787×1092　1/16
印　　张: 11
字　　数: 261千
版　　次: 2022年3月　第1版
印　　次: 2023年8月　第2次印刷
书　　号: ISBN 978-7-114-17781-1
定　　价: 88.00元

山西省大万山公路隧道建造技术

编写委员会

顾　问： 蒋有德　赵振新　高荣峰　何永义　张旭刚　李　勇　韩士桥　蔡景亮　渠小伟　杨海文　赵　煜

主　编： 付孝康　王全亮　秦绪华　张静晓

副主编： 赵志明　刘学忠　刘　松　韩正洪　孙新峰　张大强　王俊伟　王　峰　于贵和　于春荣

编　委： 刘　钊　刘恩滔　谢羽飞　王彤卉　丁海峰　张伟东　高昌伟　胡　为　黄宇鑫　郝学领　金　路　刘　俐　李志军　雒文军　安勇达　李　平　罗　强　陆　阳　陈传明　李　龙　李军伟　李佳杰　刘辰俊　李一飞　梁梓懿　马凯凯　庞传东　秦雷雷　孙　鹏　石玉庭　宋天书　安晋哲　王利康　温建强　徐宏雷　段帅聪　义文生　闫淑琦　尹晓阳　张兴峰　支京亮　赵　杰　陈旭彤　薛成名　赵　鸿　郑江源　张　荣　张子龙　范　毅　苏　毅　陶　宏　郭瑾琦　张　涛　储加会

前言

PREFACE

近年来，我国公路交通建设不断推进，隧道工程建设进入了快速发展时期，现已成为世界上隧道（洞）修建规模和修建难度最大的国家。截至2020年底，我国共有公路隧道21316座，总长21999.3km，其中，3km以上的特长公路隧道总长6235.5km。特长公路隧道施工难度大、安全风险高、技术要求复杂，如何更好地进行建设，充分发挥其现代化交通基础设施的作用，成为当前需要重点关注的问题。

山西省大万山公路隧道位于山西省吕梁市岚县与兴县交界的吕梁山脉，横穿大万山，最大埋深约690m，平均埋深345m，为左右线分离的单洞两车道一般跨度隧道，左线长10379m，右线长10490m，属于特长隧道。山西省大万山公路隧道是静兴高速公路控制性工程，也是山西省正在建设中的最长隧道，故将其确定为亮点选树工点，力争将其打造成为山西省精品示范工程。

本书记录了山西省大万山公路隧道施工过程中积累的一些经验和做法。前3章介绍了山西省大万山公路隧道的工程概况、地质勘察情况和设计情况。第4章、第5章介绍了施工过程中运用的新技术、新材料、新工艺以及机械化设备。第6章研究了隧道通风技术，通过增加通风斜井取消竖井的方式来满足运营期的通风安全。第7章对山西省大万山公路隧道超前地质预报的总体方案、主要内容、方法及结果进行了阐述。第8章介绍了山西省大万山公路隧道施工灾害情况，以及相关处治方案。后4章分别介绍了隧道的环境保护、风险评估与风险控制、施工管理和文化建设情况。

本书将隧道理论知识与山西省大万山公路隧道工程实践相结合，总结山西省大万山公路隧道的建设经验，探讨长大公路隧道建设的有关技术问题，希望对我国今后长大公路隧道建设实践与探索提供经验和思路。

限于编者水平，书中难免存在疏漏和不足，还望读者及同行们批评指正。

编著者

2022 年 1 月

目录

CONTENTS

第 5 章 隧道机械化施工技术及应用

第 6 章 隧道通风技术

第 7 章 超前地质预报

第 8 章 隧道施工灾害处治

第 9 章 隧道环境保护

第 10 章　隧道风险评估与风险控制措施

第 11 章　隧道施工管理

第 12 章　隧道施工文化建设

Chapter 01

第1章

概况

1.1 工程简介

山西省大万山公路隧道(简称“大万山隧道”)是山西省静兴高速公路的控制性工程。静兴高速公路线路起点位于山西省忻州市静乐县丰润镇连接太佳高速公路,终点位于山西省吕梁市兴县高家村镇连接神盘公路,全长93.7km,是山西省“三纵十二横十二环十五条连接线”高速公路网规划中的第七条连接线,是打通陕煤东运的大通道,对加快吕梁革命老区经济发展、助力脱贫攻坚、扩大对外开放、改善投资环境和拉动晋陕两地协同发展具有十分重大的意义。

大万山隧道位于山西省吕梁市岚县与兴县交界的吕梁山脉,为左右线分离的单洞两车道一般跨度隧道,左线长10379m,右线长10490m,属于特长隧道,设计2座斜井、1座竖井。大万山隧道横穿大万山,最大埋深约690m,平均埋深345m,其中Ⅲ级围岩占总长的41.3%,Ⅳ级围岩占50.2%,Ⅴ级围岩占8.5%。大部分洞体围岩属于微~未风化变质岩,占总长度的79%,其余以辉绿岩、片麻岩、石英岩、糜棱岩等为主,占总长度的21%。

1.2 隧道工程建设理念

山西静兴高速公路工程以“品质静兴”为初衷,围绕“创新静兴、优质静兴、平安静兴、绿色静兴、效率静兴、智慧静兴、和谐静兴、人文静兴、幸福静兴、廉洁静兴”建设理念,打造品质工程,而大万山隧道是静兴高速公路控制性工程,也是山西省正在建设中的最长隧道,故将其确定为亮点选树工点,力争将其打造成为山西省精品示范工程。

建设单位:山西静兴高速公路有限公司。

监理单位:山西晋达交通建设工程监理有限公司、西安华兴公路工程咨询监理有限公司。

设计单位:山西省交科公路勘察设计院。

施工单位:中铁六局集团太原铁路建设有限公司、中铁三局集团第六工程有限公司。

1.3 隧道工程的主要难点

大万山隧道工程地质条件与水位地质条件差,地质构造发育,给隧道施工带来了很多困难,具体建设难点如下。

1)地质条件复杂

隧道穿越4条断层、3条韧性剪切带及白龙山倒转向斜褶皱,围岩情况复杂多变,施工过程中多次出现涌水、塌方等灾害。

2)施工条件差

隧道所处的地理位置自然环境恶劣,山高谷深,道路崎岖,交通环境极为不便;隧址区冬季时间长,工期紧张;隧道竖井位于国有林区,前期便道的修筑及场地临建①相当困难。

3)长距离通风

大万山隧道为特长隧道,通风排烟系统的设计与施工也是隧道建设的重点与难点。

① 临建,是指施工企业为进行工程施工所必须搭设的生活和生产用的临时建筑物、构筑物和其他临时设施。

Chapter 02

第2章

大万山隧道地质勘察

2.1 大万山隧道勘察概述

2.1.1 工程勘察的主要任务

工程勘察的主要任务是查明隧址区综合工程地质条件,对围岩工程地质特征、洞口、洞身、仰坡及洞口开挖段的稳定性、水文地质条件、地应力、煤层及瓦斯突出、涌水等进行评价。隧道工程地质勘察工作严格按照《公路工程地质勘察规范》(JTG C20—2011)隧道详细勘察的有关规定执行,对隧道的各段围岩应划分及确定围岩类别并提出围岩的物理力学指标:地基承载力、天然密度、饱和抗压强度弹性模量、泊松比、黏聚力、内摩擦角、岩体的纵波波速、完整性系数、岩体裂隙率等;对隧道分段提供地下水涌水量。其主要任务要求如下:

(1)通过调绘、钻探和物探等手段详细复查隧址区的地层岩性、地质构造(包括断层、岩层和节理产状)、不良地质的分布和发育情况,并判明各地质问题与隧道的关系及对其影响程度。

(2)对隧址区的水文地质开展专项地质调查工作:通过水文地质调绘、物探、钻探、水文地质试验和水质分析等手段,详细查明隧址区的含水和富水特征,尤其是对地下水的补给、径流和排泄条件的分析,预测隧道包括斜竖井的施工涌水量,分析隧道施工可能对地表、地下水的环境影响程度。

(3)对隧道涉及的地应力等地质问题开展专项地质调查研究工作:通过收集区域地应力资料、钻探取样试验、水压致裂法实测地应力等综合手段,详细查明隧址区的地应力情况,分析对隧道的影响程度,并提出防治措施建议。

(4)评价隧址区域稳定性和场地地震效应。

(5)通过详细勘察和试验查明隧道洞身、洞口区的岩土工程地质类型、岩体风化程度、洞口斜坡稳定性等工程地质条件,并对隧道区的岩土工程性质进行系统分类、分级,提供设计所需的岩土物理力学指标。

2.1.2 勘察工作完成情况

针对项目特点,根据规范要求,地质勘察采用地质测绘、水文调绘与水文测试、物探、地质钻探、室内试验等综合手段相结合的勘察方法。本项目详细勘察外业地质勘察工作于2017年6月初到场开始,深孔钻探于7月下旬开钻,物探同步进行,至11月中旬,完成全部外业勘察工作,完成的主要工作量见表2-1。

大万山隧道地质勘察完成的主要工作量汇总表 表 2-1

项目	内　容	初步勘察阶段完成工作量	详细勘察阶段完成工作量	两阶段合计完成工作量
地质调绘	1:2000 工程地质调绘	$44km^2$	$45km^2$	$89km^2$
水文地质调绘	区域 1:2000 水文调绘	—	$121.6km^2$	$121.6km^2$
	隧址区 1:2000 水文调绘	$30km^2$	$31.5km^2$	$61.5km^2$
工程钻探	地质钻孔与抽水试验孔	13 孔/2477m(K 线 9 个、A 线 4 个)	4 孔/1363.2m(包括 1、2 号斜井各一个钻孔)	合计 17 孔/3840.2m(初步勘察 3 个水文孔,详细勘察 1 个水文孔)
工程测量	钻孔定位与复测	13 个	4 个	17 个
工程物探	瞬变电磁法	20170m/2 条	—	20170m/2 条
	声波测井	300m/3 孔	—	300m/3 孔
	井下电视摄影扫描	—	1 孔/560m	1 孔/560m
原位测试	井温测试	—	1 孔/520m	1 孔/520m,3 个温度传感器探头
	水压致裂法地应力测试	—	1 孔/534m	1 孔/534m
室内试验	岩石单轴饱和抗压强度	72 组	23 组	95 组
	水质简分析	1 组	3 组	4 组

1) 工程地质测绘

本次地质测绘为隧道 1:2000 地质平面测绘,范围为路线两侧各 200m,进一步对初步勘察资料进行了核实、补充和修改;准确测量岩层、节理产状,并分别进行统计分析;对所有地质分界线、不良地质等均作观测点;将地层岩性尽量划分到段及岩性层。详细勘察完成地质测绘面积 $45km^2$。

2) 水文地质调绘

水文地质工作区范围东自岚县上明乡西 2km 起,至兴县交楼申乡东 3km,北至岚县剿贼寨村,南至黑茶山国家级自然保护区北缘,东西长度约 15km,南北约 8km。

1:10000 区域水文地质调查:结合隧址区山高谷深,洞身长埋深大,洞体深埋区底板设计高程至隧道两侧侵蚀基准面相应高程距离较宽的特点,1:10000 调查图幅确定为洞体单侧各 3 ~ 5km,调查总面积约 $121.6km^2$。

1:2000 隧址水文地质测绘:结合测绘仪器,对隧址范围含水裂隙系统特征、井泉点、典型水文地质剖面进行详细勘测,对部分勘探孔进行水文观测,调绘范围为隧道两侧平均各 1500m 带状区,共完成调绘面积约 $31.5km^2$。

3) 钻探

工程地质钻探的目的是确定地层岩性特性及其空间分布规律,采取岩土试样进行室内试验;与工程地质测绘、工程物探相结合,验证深部岩体(特别是隧道穿越深度附近)的构造发育特征,确定断层、节理裂隙、层面等各级结构面的分布情况及其工程地质特征,以及洞身附近主要结构面的充填、空间分布规律及其组合形式；并依据钻探、水文试验、室内试验等成果资料进行围岩稳定性评价等，为拟建隧道设计提供翔实的工程地质资料。

4）工程测量

勘探点定位由采用全球定位系统 GPS 与 Leica TCR802 全站仪联合使用进行实测定位，采用全球定位系统 GPS 确定工程区控制点位置，用 Leica TCR802 全站仪实测勘探点，并设置明显标志。勘探完成后，由测量技术人员对勘探点位置及高程进行了复测，勘探点的位置用坐标和里程桩号表示，并做了测量记录。

5）工程物探

采用瞬变电磁中心回线测深法进行本隧道全线围岩的深部综合探测；在 ZK5、ZK7、ZK13 钻孔中进行了孔内超声波测试。

6）原位测试

采用水压致裂法进行了现场地应力测试，确定了场区地应力场的大小和方向；并基于地应力场实测结果，对拟建大万山隧道开挖期间的岩爆和变形风险进行了预测分析，对井温进行了测试。

7）室内试验

在钻孔中共采取岩石样品 23 组、水样 3 组，所取样品均送试验室进行了测试，试验过程严格按照《公路土工试验规程》（JTG E40—2007）和《公路工程岩石试验规程》（JTG E41—2005）中相关规定执行。

2.2 区域自然地理特征

2.2.1 地形、地貌特征

大万山（白龙山）地处岚县与兴县交界处（两县界山），与北部的芦芽山和南部的黑茶山同属吕梁山中北段的西部支脉，山体主脊走向为北北东—南南西向（NE33°～SW213°），大万山主脊南北走向长约 30km。

隧址区地貌单元为构造剥蚀与侵蚀的高中山基岩山区，区内地形起伏极大，高山及沟谷纵横交错，峭壁、陡坡及大小冲沟发育，地貌形态极为复杂。隧址进口一端较陡，西侧出口一端相对较缓，中前段地表经过水沟子山坳，中段大万山地势最高，中后段位于南老林沟坡腰，地表南北向中小沟谷发育。南老林沟地面侵蚀高程高于隧道洞体高程。

大万山主峰最高海拔 2275m，位于隧道中段南侧约 600m，隧道经过地段山体顶部最高海拔 2201m。隧道进口一侧地面高程 1419.4m，与主峰最高点相对高差 781.6m，与主峰间水平距离约4.95km,地面综合坡度9°;隧道出口一侧地面高程1603.3m,与主峰最高点相对高差597.7m,与主峰间水平距离约5.1km,地面综合坡度6.7°。

2.2.2 水文与气象

隧址区属温带大陆季风性气候,由于地形起伏较大,地貌形态复杂,高山峡谷间温差较大,尤其是区域范围与隧址小气候间的气候特征差异较大。总体气候特点表现为山高风劲,春季干旱多风升温较快,气温较低;夏季短暂温凉多雨;秋季多阴雨天,昼夜温差较大,无霜期短;冬季少雪干冷,多晴朗天。

据岚县与兴县气象资料,隧址区年平均气温6.3~11℃。1月最冷,平均气温-9.4℃,最低气温-29.3℃;7月最热,平均气温23.2℃,最高气温37.4℃。年平均降雨量约625mm,最大降雨量844.6mm,最少降雨量181.1mm,月最大降水量349.3mm(1967年8月),日最大降水量147.1mm。

2.2.3 交通位置

拟建大万山隧道行政区划隶属于山西省吕梁市岚县上明乡与兴县交楼申乡。隧道进口位于岚县上明乡上合会村289°方位1620m(西偏北向),有乡村路连接机耕路可至隧道进口,交通较为便利;隧道出口位于兴县交楼申乡木窑村94°方位320m(东偏南向),洞口前有乡村道路可直达。隧道进口地理坐标为N38°20′6.44″,E111°30′58.48″;出口地理坐标为38°21′40.32″,E111°24′42.19″。

2.3 大万山隧道勘察成果

2.3.1 工程地质特征

1)地层岩性

本隧道由进口向出口方向所穿越区域分布着绝大多数前震旦系之前的老地层,均属于区域变质岩。根据地质调绘与钻探揭露,按时代划分,所涉及的地层由老到新依次有中太古界界河口群、上太古界吕梁群、下元古界岚河群与野鸡山群、岩浆岩以及河谷、山前分布的新生界等,分述如下:

(1)中太古界界河口群奥家滩组

中太古界界河口群区域上分布于王家庄—大蛇头以西,呈北东—北北东走向展布,为一套复式褶皱岩系。包括上亚群和下亚群内多个岩组,界河口群变质程度较深,属于高角闪岩相～麻粒岩相，普遍经受了强烈的混合岩化作用，为一套巨厚层的复理石建造。区域累计总厚度约 19400m。变质岩组合为片岩、变粒岩、片麻岩、斜长角闪岩及大理岩。按沉积旋回可分为 5 个组，自下而上为奥家滩组、小蛇头组、黑崖寨组、马国寨组和烧炭沟组。

(2)上太古界吕梁群赤坚岭组

本套地层区域上分布于大万山—野鸡山以东，呈北东走向展布。包括上亚群和下亚群内多个岩组，吕梁群下部变质程度较高，为角闪岩相，上部变质程度较低，为绿片岩相。隧址区内仅出露该群下部的赤坚岭组，该组地层主要分布于隧址区大万山山脊以东，厚度约 2700m。与上覆的下元古界之间为不整合接触。

(3)下元古界岚河群乱石村组

本套地层区域上主要分布于岚县乱石村，隧址范围沿区域分水岭一带有不等厚度分布。与上覆的青杨树湾组间为平行整合接触，本套地层属于低变质岩。

乱石村组岩性为粗粒石英岩、长石石英岩、巨厚层变质砾岩夹砂质千枚岩等，厚度约 200m。

(4)下元古界野鸡山群

下元古界野鸡山群分布于岚县、兴县之间，呈狭长带状展布，构成本区主要分水岭。隧址区内野鸡山群包含白龙山组、青杨树湾组两套地层。隧址范围野鸡山群以复向斜东翼不整合在赤坚岭杂岩之上，西翼不整合在界河口群之上。

(5)隧址区内岩浆岩

本项目区域范围岩浆活动较为强烈，从超基性、基性、中酸性、酸性均有出露，较大范围露头主要分布在交楼申以北，隧道出口北西方位。其中，以五台期超基性岩群($\in_1$)最广，该类岩浆岩侵入于奥家滩组之中，呈单斜脉状，次有球状、透镜状、蘑菇状等产出，此类岩体均远离本隧道。

(6)新生界

区域范围区内新生界分布较广，隧址区新生界主要分布于隧道进口山前坡脚及隧址区水沟子山间宽谷、麻地沟、南老林沟山间沟谷内，包括第四系中新统～全新统($Q_2 \sim Q_4$)，其中第四系全新统(Q_4)分布于现代河谷内，岩性为含砂砾或卵石等粗粒土，厚度一般介于 2～30m；第四系上更新统(Q_3)分布于缓坡或山间台地之上，岩性为中密粉土、坡洪积碎石土及冲洪积砂砾土。本套地层由于连续性差，厚度不稳定，且空间上大多与隧道洞体无关。

2)地质构造

隧址区地处赤坚岭梭形掀斜褶带中段偏南西一侧，且较为靠近该褶带的中间宽厚部位，即构造应力相对较为集中的部位。该褶带较大范围表现为一系列复式背斜构造，在隧址区内构造形态则为大型的白龙山倒转向斜构造，并伴生了较大范围的北西西—南东东向和近北北东—南南西向右行走滑断裂构造，以及隧道出口一带的北东向韧性剪切带和北北西—南南东向的张性断裂构造(充填辉绿岩墙、岩脉)，均为隧址区内重要的构造形迹，分述如下。

白龙山(大万山)倒转向斜构造：此倒转向斜构造核部位于白龙山(大万山)山脊最高点至水沟子西侧，呈北东南西向展布，参与倒转向斜建造的地层包括下元古界野鸡山群白龙山组、野鸡山群青杨树湾组、岚河群乱石村组及中太古界界河口群奥家滩组，向斜南东翼为正常层序,北西翼为倒转层序。倒转向斜构造核部地层为白龙山组,西翼为野鸡山群青杨树湾组、界河口群奥家滩组,东翼为野鸡山群青杨树湾组、乱石村组。东翼产状一般为320°∠65°,西翼产状为320°∠65°,核部产状为320°∠65°。隧道洞身K38+500~K42+500段穿越此倒转向斜核部。

断裂构造及韧性剪切带:隧址区内断裂构造发育,总体以压扭性走滑断裂构造为主。隧址区构造主应力为北北西—南南东向,大体与辉绿岩脉的走向一致,该构造应力直接造就了白龙山(大万山)倒转向斜,并最终转化为规模宏伟的白龙山(大万山)。在伴随倒转向斜形成过程中,一并形成了以F1、F2、P3、P4、F5为一组的近北西西—南东东向的右行走滑断裂束,以及以P6、F7为另一组的北北东—南南西向的右行走滑断裂束。与此同时,在隧道出口带,形成了奥家滩组动力变质岩和一组与主应力近于垂直的一组束状韧性剪切带。在强大的北北西向主应力作用下,形成了早期的一组北北西—南南东张性深大断裂构造,随后期的深部基性超基性岩浆活动,形成辉绿岩脉贯入早期张性断裂构造,形成了辉绿岩脉体。

隧址区构造带规模、特征及其对隧道工程的影响见表2-2。

2.3.2 水文地质特征

隧址工作区周边区域范围水文地质单元划分为以下四种类型。

1)松散岩类孔隙水

主要分布于隧址及其周边的岚河、蔚汾河、湫水河等山间河谷内。含水层为第四系全~上更新统砂土、砂砾卵石土,地下水埋藏浅,多数与地表水相连通,时而出露,时而潜流,富水性强弱不均,季节性强。主要受大气降水和地表径流、泉点等共同补给。

2)碎屑岩类裂隙水

隧址区以西下伏或零星出露的石炭系、二叠系碎屑岩,大部分属碎屑岩,部分赋存于本类碎屑岩的各种裂隙之中(构造节理裂隙及风化裂隙),形成少量的碎屑岩裂隙水。本类地下水补给主要来自区域范围裸露的碎屑岩接受的大气降水和河谷内地表径流共同补给。区内碎屑岩裂隙水从补给—径流—排泄的过程主要为小循环,即就地补给,经就地小循环后就地排泄,除随地表径流排泄外,也有部分沿构造进入深部隐伏的岩溶裂隙水系统内,并最终在天桥泉域排泄点排出。

3)变质岩类裂隙水

含水介质及分布:本类地下水含水介质为区域范围内中上太古界区域变质岩、下元古界绿片岩~角闪石相变基性火山碎屑浅变质岩;含水介质岩性主要为下元古界的变质砾岩、长石石英岩、角闪变粒岩、斑状角闪变粒岩,中下太古界长石石英岩、角闪变粒岩、角闪片岩及部分云母片岩等,主要分布范围为野鸡山、白龙山(大万山)、黑茶山一线,北东—南西向带状分布。

隧址区构造带（断层、岩脉、韧性剪切）规模、特征及评价一览表

表 2-2

序号	构造编号	断层（岩脉、韧性剪切）性质及产状	构造带（断层、岩脉、韧性剪切）规模			与隧道工程空间关系	对隧道工程的影响	构造水文地质特征
			走向长度（km）	断距或走滑距（m）	构造带宽度（m）			
1	F1	右行走滑，走向113°～135°，断面NNE	8.4	走滑距875	185	洞身位于断层右行盘（按断面倾向为上盘），断层带未与隧道洞体相交，在隧道出口段底板下50m	右行盘（上盘）剪张应力较大，对出口端围岩完整性有较大影响	右行盘（上盘）剪张应力较大，对出口端围岩完整性有较大影响
2	F2	右行走滑，走向102°，断面NNE～NE	5.6	走滑距390	130	断层与隧道洞体相交中心桩号（K43 + 700～ZK44 + 000），隧道洞身内断裂带宽度150m	右行盘（上盘）剪张应力较大，对出口端围岩完整性有较大影响	右行盘（上盘）剪张应力较大，对出口端围岩完整性有较大影响
3	F3	右行走滑，走向110°～112°，断面NNE～NE	10.6	走滑距140	100	断层带远离洞体，未与隧道洞体相交	对隧道工程无影响	右行盘（上盘）剪张应力较大，对出口端围岩完整性有较大影响
4	F4	左行走滑，走向282°，断面NNE～NE	3.4	走滑距90	80	断层带远离洞体，未与隧道洞体相交	对隧道工程无影响	右行盘（上盘）剪张应力较大，对出口端围岩完整性有较大影响
5	F5	左行走滑，走向300°，断面NNE～NE	0.9	走滑距80	20	断层带远离洞体，未与隧道洞体相交	对隧道工程无影响	右行盘（上盘）剪张应力较大，对出口端围岩完整性有较大影响
6	F6	左行走滑，走向24°～30°，断面NNE～NE	5.8	走滑距50	50	断层与隧道洞体相交中心桩号K38 + 690（ZK38 + 705），隧道洞身内断裂带宽度120m	右行盘（上盘）剪张应力较大，对出口端围岩完整性有较大影响	右行盘（上盘）剪张应力较大，对出口端围岩完整性有较大影响
7	F7	左行走滑，走向27°～34°，断面NNE～NE	3.7	走滑距50	35	断层与隧道洞体相交中心桩号K38 + 690（ZK38 + 705），隧道洞身内断裂带宽度120m	断层与隧道洞体相交中心桩号K38 + 690（ZK38 + 705），隧道洞身内断裂带宽度120m	右行盘（上盘）剪张应力较大，对出口端围岩完整性有较大影响
8	Dsz1	韧性剪切带，走向65°，深部倾向SE	1.6	剪切带两侧岩性相同，位移量不详	65	断层与隧道洞体相交中心桩号K38 + 690（ZK38 + 705），隧道洞身内断裂带宽度120m	断层与隧道洞体相交中心桩号K38 + 690（ZK38 + 705），隧道洞身内断裂带宽度120m	右行盘（上盘）剪张应力较大，对出口端围岩完整性有较大影响

续上表

序号	构造编号	断层(岩脉、韧性剪切)性质及产状	构造带(断层、岩脉、韧性剪切)规模			与隧道工程空间关系	对隧道工程的影响	构造水文地质特征
			走向长度(km)	断距或走滑距(m)	构造带宽度(m)			
9	Dsz2	韧性剪切带,走向65°,深部倾向S	1.6	剪切带两侧岩性相同,位移量不详	80	韧性剪切带与隧道洞体相交K43+745~K43+860(ZK43+800~ZK43+915),隧道洞身内韧性剪切带宽度160m	韧性剪切带与隧道大角度相交,影响长度约200m,压应力集中,对隧道影响大	右行盘(上盘)剪张应力较大,对出口端围岩完整性有较大影响
10	Dsz3	韧性剪切带,走向65°,深部倾向SE	1.6	剪切带两侧岩性相同,位移量不详	72	韧性剪切带与隧道洞体相交K44+455~K44+500(ZK44+615),隧道洞身内韧性剪切带宽度115m	韧性剪切带与隧道大角度相交,影响长度约200m,压应力集中,对隧道影响大	右行盘(上盘)剪张应力较大,对出口端围岩完整性有较大影响
11	βμ-1	早期张性深大断裂,走向166°,近直立产出	1.7	开裂,无断距	112	辉绿岩墙与隧道洞体相交K35+410~K35+500(ZK35+400~ZK35+490),隧道洞身内辉绿岩岩墙宽度58~100m	洞身处辉绿岩墙埋深较浅,岩体风蚀较强,浅部及边缘岩体强度较低,对隧道工程影响较小	右行盘(上盘)剪张应力较大,对出口端围岩完整性有较大影响
12	βμ-2	早期张性深大断裂,走向132°,近直立产出	0.8	开裂,无断距	25	辉长辉绿岩墙未与隧道洞体相交	对隧道工程无影响	右行盘(上盘)剪张应力较大,对出口端围岩完整性有较大影响
13	βμ-3	早期张性深大断裂,走向140°,近直立产出	1.1	开裂,无断距	70	辉长辉绿岩墙未与隧道洞体相交	对隧道工程无影响	右行盘(上盘)剪张应力较大,对出口端围岩完整性有较大影响
14	βμ-4	早期张性深大断裂,走向167°,近直立产出	0.3	开裂,无断距	90	辉长辉绿岩墙与隧道洞体相交K45+060~K45+120(ZK45+045~ZK5+105),隧道洞身内岩墙宽度90m	洞身处辉绿岩墙埋深较浅,岩体风蚀较强,浅部及边缘岩体强度较低,对隧道工程影响较小	右行盘(上盘)剪张应力较大,对出口端围岩完整性有较大影响

4) 构造裂隙水

根据区域范围内的构造性质、构造形态及组合关系，区域内以压扭性断裂构造为主体，配套部分张扭性断层构造。压扭性断裂构造形成的构造碎裂岩以糜棱岩、强片理化带、韧性剪切带为主，透水性差～极差，均属于阻水性构造碎裂岩；而在压扭性断裂构造上盘、剪切带之间，存在扭性张裂隙带，成为部分地下水的赋存空间；区域范围早期因为挤压形成的张性深大断裂、张裂隙多被辉长辉绿岩贯入充填，仅在辉绿岩贯入围岩冷凝过程中，在岩体与围岩边缘残留了较多的冷凝裂隙，而岩体本身因致密隔水，最终在岩体与围岩接触带可能赋存少量的地下水。

总之，本区域内压扭性断裂构造主应力形成的构造岩以细粒或超细粒泥质为主，属于阻水构造岩，因此构造裂隙水赋存有限。在压扭性断裂构造带之间或附近所形成的张扭性裂隙，为地下水提供有限的赋存空间；压扭性阻水构造与张扭性断层构造相互配套，使部分压扭性阻水构造成为裂隙水的导水构造，辉绿岩岩墙等则成为导水岩体或岩脉。隧址区域水文地质图如图 2-1 所示。

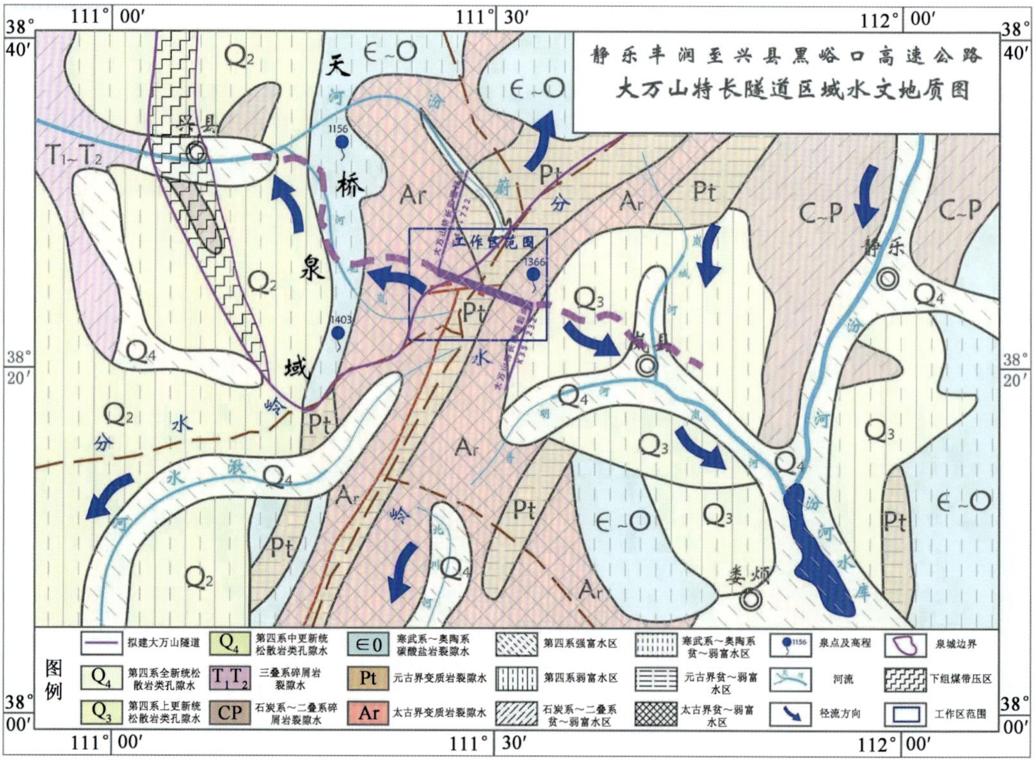

图 2-1　隧址区域水文地质图

2.3.3　不良地质现象

依据勘察成果，隧址区范围内未发现有活动断裂带、高地应力、软岩大变形、岩溶、有毒有害气体等不良地质现象,但是地下水位埋深浅,隧道部分区间围岩富水性好,施工过程中可能遭遇突水,遭遇断层时可能出现塌方。

2.3.4 隧道围岩分级

根据围岩分级计算方法,对大万山隧道通过地段围岩进行分级划分,划分结果见表2-3～表2-5。

大万山隧道围岩分级统计表　表2-3

大万山隧道右洞围岩统计			大万山隧道左洞围岩统计		
围岩级别	长度统计(m)	占比(%)	围岩级别	长度统计(m)	占比(%)
V_2	190	1.8	V_2	133	1.3
V_1	710	6.8	V_1	735	7.1
IV_3	1190	11.3	IV_3	1285	12.4
IV_2	1340	12.8	IV_2	1320	12.7
IV_1	2760	26.3	IV_1	2575	24.8
III_2	2325	22.2	III_2	2325	22.4
III_1	1975	18.8	III_1	2000	19.3
总长	10490		总长	10373	

大万山隧道右线围岩分级情况　表2-4

桩　号	岩石名称	完整程度	水文地质特征	围岩稳定性	围岩分级
K35+212～K35+360	坡洪积含碎块石黄土及强风化片麻岩	松散～破碎	有滴渗水或淋雨状出水	差	V_2
K35+360～K35+410	强风化混合岩化片麻岩夹变粒岩、辉长辉绿岩		滴渗水,局部淋雨状出水	差	V_1
K35+410～K35+530	弱风化混合岩化片麻岩夹变粒岩、辉长辉绿岩		滴渗水,局部淋雨状出水	一般	IV_2
K35+530～K36+400	弱风化混合岩化黑云斜长角闪岩片麻岩、黑云变粒岩夹片岩	较完整～完整	裂隙滴渗水,局部淋雨状出水	较好	IV_1
K36+400～K37+550	微～未风化混合岩化黑云斜长角闪岩片麻岩、黑云变粒岩夹片岩	较完整～完整	裂隙滴渗水,局部淋雨状出水	好	III_2
K37+550～K37+800	微～未风化石英片岩为主	较完整～完整	裂隙滴渗水,局部淋雨状出水	较好	IV_1
K37+800～K38+400	微～未风化混合岩化黑云斜长角闪岩片麻岩、黑云变粒岩夹片岩	完整	裂隙滴渗水,局部淋雨状出水	好	III_1
K38+400～K38+745	变质砾岩、片岩、石英岩	较破碎	滴渗水,局部淋雨状出水	较差	IV_3

续上表

桩号	岩石名称	完整程度	水文地质特征	围岩稳定性	围岩分级
K38 +745 ~ K38 +990	千枚岩夹石英岩及安山岩、粗面岩	较完整	滴渗水，局部可见短时淋雨状出水	一般	$Ⅳ_2$
K38 +990 ~ K39 +200	糜棱岩		可能存在股状涌水或淋雨状出水	差	$Ⅴ_1$
K39 +200 ~ K39 +500	角闪变粒岩、斑状角闪变粒岩夹千枚岩、角闪片岩、石英岩	较完整 ~ 完整	滴渗水，局部可见短时淋雨状出水	较好	$Ⅳ_1$
K39 +500 ~ K39 +900	角闪变粒岩、斑状角闪变粒岩夹角闪片岩、石英岩	完整	滴渗水，局部可见短时淋雨状出水	好	$Ⅲ_1$
K39 +900 ~ K40 +030	粉砂状黑云千枚岩夹角闪片岩、石英岩	较完整 ~ 完整	滴渗水，局部可见短时淋雨状出水	一般	$Ⅳ_2$
K40 +030 ~ K40 +190	糜棱岩		可能存在股状涌水或淋雨状出水	差	$Ⅴ_1$
K40 +190 ~ K40 +300	Pt_1 白龙山组角闪片岩、变粒岩、千枚岩	较完整	滴渗水，局部可见短时淋雨状出水	较好	$Ⅳ_1$
K40 +300 ~ K40 +600	Pt_1 白龙山组角闪片岩、变粒岩、千枚岩	较完整	滴渗水，局部可见短时淋雨状出水	较好	$Ⅲ_2$
K40 +600 ~ K40 +800	Pt_1 白龙山组角闪片岩、变粒岩、千枚岩	较完整 ~ 较破碎	滴渗水，局部可见短时淋雨状出水	较好	$Ⅳ_1$
K40 +800 ~ K41 +025	Pt_1 白龙山组角闪片岩、变粒岩、千枚岩	较完整	滴渗水，局部可见短时淋雨状出水	较好	$Ⅲ_2$
K41 +025 ~ K42 +000	Pt_1 白龙山组角闪变粒岩、千枚岩、石英岩	完整	滴渗水，局部可见短时淋雨状出水	较好	$Ⅲ_1$
K42 +000 ~ K42 +450	粉砂状黑云千枚岩夹角闪片岩、石英岩	较完整 ~ 完整	滴渗水，局部可见短时淋雨状出水	一般	$Ⅳ_2$
K42 +450 ~ K42 +650	石英岩与片麻岩	较破碎	裂隙滴渗水，局部淋雨状出水	较差	$Ⅳ_3$
K42 +650 ~ K43 +300	Ar_2a 奥家滩组黑云钾长片麻岩、白云片麻岩、变粒岩	较完整	滴渗水，局部可见淋雨状出水	好	$Ⅲ_2$
K43 +300 ~ K43 +500	Dsz1 韧性剪切带	较破碎	滴渗水，局部见淋雨状出水	较差	$Ⅳ_3$
K43 +500 ~ K44 +060	Ar_2a 奥家滩组白云母石英片岩夹白云母片岩	较完整	滴渗水，较少见淋雨状出水	较好	$Ⅳ_1$
K44 +060 ~ K44 +250	Dsz2 韧性剪切带		滴渗水，局部见淋雨状出水	较差	$Ⅳ_3$

续上表

桩　号	岩石名称	完整程度	水文地质特征	围岩稳定性	围岩分级
K44+250~K44+475	糜棱岩	较破碎	股状涌水或淋雨状出水	差	V_1
K44+475~K44+730	Dsz3 韧性剪切带		滴渗水,局部见淋雨状出水	较差	IV_3
K44+730~K45+200	奥家滩组 Ar_2a 微~弱风化互层状二云母片岩、变粒岩、辉长辉绿岩	较破碎	滴渗水,辉绿岩岩墙与围岩接触带可能出现淋雨状出水	较好	IV_1
K45+200~K45+595	奥家滩组 Ar_2a 弱风化互层状二云母片岩、变粒岩	较破碎	滴渗水,强弱风化交替带可能出现淋雨状出水	一般	IV_2
K45+595~K45+660	Ar_2a 强风化互层状二云母片岩、变粒岩	破碎	滴渗水	差	V_1
K45+660~K45+702	Ar_2a 强风化互层状二云母片岩、变粒岩	破碎	滴渗水	差	V_2

大万山隧道左线围岩分级情况　　表 2-5

桩　号	岩石名称	完整程度	水文地质特征	围岩稳定性	围岩分级
ZK35+306~ZK35+400	坡洪积含碎块石黄土及强风化片麻岩	松散~破碎	有滴渗水或淋雨状出水	差	V_2
ZK35+400~ZK35+530	弱风化混合岩化片麻岩夹变粒岩、辉长辉绿岩	较完整~完整	滴渗水,局部淋雨状出水	一般	IV_2
ZK35+530~ZK36+400	弱风化混合岩化黑云斜长角闪岩片麻岩、黑云变粒岩夹片岩	较完整~完整	裂隙滴渗水,局部淋雨状出水	较好	IV_1
ZK36+400~ZK37+550	微~未风化混合岩化黑云斜长角闪岩片麻岩、黑云变粒岩夹片岩	较完整~完整	裂隙滴渗水,局部淋雨状出水	好	III_2
ZK37+550~ZK37+800	微~未风化石英片岩	较完整~完整	裂隙滴渗水,局部淋雨状出水	较好	IV_1
ZK37+800~ZK38+400	微~未风化混合岩化黑云斜长角闪岩片麻岩、黑云变粒岩夹片岩	完整	裂隙滴渗水,局部淋雨状出水	好	III_1
ZK38+400~ZK38+760	变质砾岩、片岩、石英岩	较破碎	滴渗水,局部淋雨状出水	较差	IV_3
ZK38+760~ZK39+000	千枚岩夹石英岩及安山岩、粗面岩	较完整	滴渗水,局部可见短时淋雨状出水	一般	IV_2
ZK39+000~ZK39+200	糜棱岩		股状涌水或淋雨状出水	差	V_1

续上表

桩　　号	岩石名称	完整程度	水文地质特征	围岩稳定性	围岩分级
ZK39 +200 ~ ZK39 +500	角闪变粒岩、斑状角闪变粒岩夹千枚岩、角闪片岩、石英岩	较完整 ~ 完整	滴渗水,局部可见短时淋雨状出水	好	$Ⅳ_1$
ZK39 +500 ~ ZK39 +900	角闪变粒岩、斑状角闪变粒岩夹角闪片岩、石英岩	完整	滴渗水,局部可见短时淋雨状出水	好	$Ⅲ_1$
ZK39 +900 ~ ZK40 +025	粉砂状黑云千枚岩夹角闪片岩、石英岩	较完整 ~ 完整	滴渗水,局部可见短时淋雨状出水	一般	$Ⅳ_2$
ZK40 +025 ~ ZK40 +195	糜棱岩		股状涌水或淋雨状出水	差	$Ⅴ_1$
ZK40 +300 ~ ZK40 +600	Pt_1 白龙山组角闪片岩、变粒岩	较完整	滴渗水,局部可见短时淋雨状出水	较好	$Ⅲ_2$
ZK40 +600 ~ ZK40 +800	Pt_1 白龙山组角闪片岩、变粒岩、千枚岩	较完整 ~ 较破碎	滴渗水,局部可见短时淋雨状出水	较好	$Ⅳ_1$
ZK40 +800 ~ ZK41 +000	Pt_1 白龙山组角闪片岩、变粒岩、千枚岩	较完整	滴渗水,局部可见短时淋雨状出水	较好	$Ⅲ_2$
ZK41 +000 ~ ZK42 +000	Pt_1 白龙山组角闪变粒岩、千枚岩、石英岩	完整	滴渗水,局部可见短时淋雨状出水	较好	$Ⅲ_1$
ZK42 +000 ~ ZK42 +450	粉砂状黑云千枚岩夹角闪片岩、石英岩	较完整 ~ 完整	滴渗水,局部可见短时淋雨状出水	一般	$Ⅳ_2$
ZK42 +450 ~ ZK42 +650	石英岩与片麻岩	较破碎	裂隙滴渗水,局部淋雨状出水	较差	$Ⅳ_3$
ZK42 +650 ~ ZK43 +325	Ar_2a 奥家滩组黑云钾长片麻岩、白云片麻岩、变粒岩	较完整	滴渗水,局部可见淋雨状出水	好	$Ⅲ_2$
ZK43 +325 ~ ZK43 +525	Dsz1 韧性剪切带	较破碎	滴渗水,局部为淋雨状出水	较差	$Ⅳ_3$
ZK43 +525 ~ ZK44 +100	Ar_2a 奥家滩组白云母石英片岩夹白云母片岩	较完整	滴渗水,较少见淋雨状出水	较好	$Ⅳ_1$
ZK44 +100 ~ ZK44 +295	Dsz2 韧性剪切带	较破碎	滴渗水,局部为淋雨状出水	较差	$Ⅳ_3$
ZK44 +295 ~ ZK44 +595	Ar_2a 奥家滩组白云母石英片岩夹白云母片岩	较完整	滴渗水,较少见淋雨状出水	较好	$Ⅳ_1$
ZK44 +595 ~ ZK44 +925	糜棱岩		股状涌水或淋雨状出水	差	$Ⅴ_1$
ZK44 +925 ~ ZK45 +200	Ar_2a 奥家滩组白云母石英片岩夹白云母片岩	较完整	滴渗水,较少见淋雨状出水	较好	$Ⅳ_1$

续上表

桩 号	岩石名称	完整程度	水文地质特征	围岩稳定性	围岩分级
ZK45 +200 ~ ZK45 +575	奥家滩组 Ar_2a 强 ~ 弱风化互层状二云母片岩、变粒岩、辉长辉绿岩	较破碎	滴渗水,辉绿岩岩墙与围岩接触带可能出现淋雨状出水	较好	$Ⅳ_2$
ZK45 +575 ~ ZK45 +640	Ar_2a 强风化互层状二云母片岩	破碎	滴渗水	差	V_1
ZK45 +640 ~ ZK45 +679	Ar_2a 强风化互层状二云母片岩、变粒岩、辉绿岩	破碎	滴渗水	差	V_2

2.3.5 隧道地下水涌水量预测与评价

1)隧道钻探揭示的水文信息

通过钻探揭示与实测,水文地质勘察期间共测量钻孔水位 10 处,钻孔内地下水位在 1402.8 ~ 1989.0m,其中 CZK2 号位于隧道进口段,孔深较浅,未见地下水。各钻孔地下水测量结果见表 2-6。

大万山隧道勘探孔地下水测量结果一览表 表 2-6

序号	孔号	孔 位	孔口高程(m)	孔深(m)	稳定水位埋深(m)	水位高程(m)	钻孔处隧道底板高程(m)
1	CZK1	K35 +335 右 25.0	1446.0	47.0	43.2	1402.8	1408.68
2	CZK2	ZK35 +335 左 20.0	1426.0	25.0	未见	—	1409.48
3	CZK3	K35 +825 右 10.0	1506.0	96.0	20.6	1485.4	1419.36
4	CZK4	K37 +020 右 60.0	1616.0	185.0	孔口自流	1616.5	远离洞体
5	CZK5	K38 +650 右 75.0	1808.0	354.0	孔口自流	1808.8	远离洞体
6	SWZK1	K39 +850 右 50.0	2000.7	520.0	11.7	1989.0	1490.92
7	CZK6	ZK42 +480 左 50.0	1880.0	350.0	孔口自流	1881.1	1539.08
8	CZK7	K43 +245 左 40.0	1848.0	360.0	5.2	1842.8	1552.92
9	CZK8	K43 +805 右 18.0	1832.0	285.0	25.4	1806.6	1561.96
10	CZK9	K45 +190 右 60.0	1646.0	67.0	14.8	1631.2	远离洞体

从钻孔内地下水位高程可以明显看出以下几点:

(1)隧道进口段第四系覆盖层内未见稳定地下水。

(2)钻孔内稳定水位处在地表强风化层内。

(3)钻孔 CZK1、CZK3、CZK4 内地下水位与孔口高程变化趋势一致,向隧道进口一端倾斜;钻孔 CZK5、SWZK1 内的地下水位与孔口高程变化趋势一致,向水沟子内倾斜;CZK6、CZK7、CZK8、CZK9 内地下水位与孔口高程变化趋势一致,向隧道出口一端倾斜。所有钻孔孔内最大水位高差 586.2m,钻孔间地面高程最大高差 574.4m,水位高差与地势高差相吻合,孔内也可窥见山高水高的规律。

2)地下水涌水量预测依据及标准

由于《公路工程地质勘察规范》(JTG C20—2011)及其相关的勘察规范中未制定详细的评价标准,因此本隧道涌水量预测与评价工作主要依据《铁路工程水文地质勘察规范》(TB 10049—2014)和《供水水文地质勘察规范》(GB 50027—2001)进行,并按泉水流量进行预测和富水性评价。

(1)泉水流量的划分标准。

根据泉水流量,将裂隙水的富水等级划分如下:

水量中等:泉水流量为0.1~1.0L/s或8.64~86.4m^3/d。

水量贫乏:泉水流量小于0.1L/s或小于8.64m^3/d。

(2)洞身富水程度分段评价标准(表2-7)。

围岩富水程度分段评价标准　　表2-7

评价方法	富水性分段			
	贫水段	弱富水段	中等富水段	强富水段
地下径流模数 M[m^3/(d·km^2)]	$M<100$	$100\leqslant M<1000$	$1000\leqslant M<5000$	$M\geqslant5000$
洞身单位长度可能最大涌水量 q_0(m^3/dm)	$q_0<0.1$	$0.1\leqslant q_0<1$	$1\leqslant q_0<5$	$q_0\geqslant5$

3)定性预测与评价

本隧道地形较为陡峻,地表水与地下水径流排泄通畅,地下水深部渗入补给总量偏弱;隧道围岩介质以变质岩为主,经混合岩化、动力变质,隧道围岩完整性较好,深部岩层透水性总体较弱;隧址范围地下水为小循环径流排泄补给,深埋隧道极难改变隧址区地下水径流循环路径,地下水向深埋的隧道洞体补给较为困难;隧道洞体内相对较富水的段落为部分孔隙较大的变质砾岩及石英岩层、向斜核部、断裂构造带与韧性剪切带上盘及辉绿岩墙两侧冷凝带附近。定性分析评价认为,本隧道围岩含水性总体属于弱~贫富水洞体,仅局部段可能相对富水。

隧道集中较多出水或涌水、突水,部位主要为变质砾岩、石英岩层;断层上盘裂隙带、辉绿岩墙两侧冷凝带、韧性剪切带上盘裂隙带等,在断层上盘附近可能发生短时突泥、涌水。

4)定量预测与评价

使用地下径流模数法估算总排泄量,使用地下水动力学方法(水平坑道法、裘布依理论公式法、古德曼经验公式法)计算洞体涌水量。其计算结果见表2-8、表2-9。

左幅洞体涌水量计算综合成果表　　表2-8

分段编号	洞身水文地质分段	穿过含水段长度 L(m)	古德曼经验公式法最大涌水量(m^3/d)	水平坑道涌水量(m^3/d)	裘布依理论公式法正常涌水量(m^3/d)	单位最大涌水量 q_0(m^3/dm)	洞体富水类型
1	ZK35+306~ZK35+370	0	0	0	0.0	0	极贫
2	ZK35+370~ZK35+490	120	0	0	0.0	0	极贫
3	ZK35+490~ZK36+990	1500	289.2	25.7	269.3	0.19	弱富水

续上表

分段编号	洞身水文地质分段	穿过含水段长度 L（m）	古德曼经验公式法最大涌水量（m^3/d）	水平坑道涌水量（m^3/d）	裘布依理论公式法正常涌水量（m^3/d）	单位最大涌水量 q_0（m^3/dm）	洞体富水类型
4	ZK36 +990 ~ ZK38 +530	1540	159.6	15.4	217.2	0.10	弱富水
5	ZK38 +530 ~ ZK38 +760	230	1093.9	756.3	219.7	4.76	中等富水
6	ZK38 +760 ~ ZK39 +020	260	252.0	79.2	112.6	0.97	弱富水
7	ZK39 +020 ~ ZK39 +180	160	744.4	526.5	152.5	4.65	中等富水
8	ZK39 +180 ~ ZK40 +025	845	452.5	110.1	275.4	0.54	弱富水
9	ZK40 +025 ~ ZK40 +195	170	820.8	660.4	170.4	0.47	中等富水
10	ZK40 +195 ~ ZK40 +8945	750	964.9	414.4	392.3	0.17	中等富水
11	ZK40 +8945 ~ ZK42 +530	1585	751.6	174.9	488.5	0.56	弱富水
12	ZK42 +530 ~ ZK43 +325	795	133.8	16.5	142.5	0.04	弱富水
13	ZK43 +325 ~ ZK43 +505	180	100.3	22.3	58.2	1.46	弱富水
14	ZK43 +505 ~ ZK44 +100	595	22.3	6.4	86.6	0.04	弱富水
15	ZK44 +100 ~ ZK44 +295	195	285.6	88.0	98.1	1.46	中等富水
16	ZK44 +295 ~ ZK44 +595	300	43.1	3.7	47.4	0.14	弱富水
17	ZK44 +595 ~ ZK44 +925	330	971.5	340.4	224.3	2.94	中等富水
18	ZK44 +925 ~ ZK45 +625	695	275.4	20.7	175.6	0.4	弱富水
19	ZK45 +625 ~ ZK45 +679	0	0	0.0	0.0	0	极贫
合计	左幅洞体长度 10373m	10250	7360.9	3260.9			

右幅洞体涌水量计算综合成果表 表 2-9

分段编号	洞身水文地质分段	穿过含水段长度 L（m）	古德曼经验公式法最大涌水量（m^3/d）	水平坑道涌水量（m^3/d）	裘布依理论公式法正常涌水量（m^3/d）	单位最大涌水量 q_0（m^3/dm）	洞体富水类型
1	K35 +212 ~ K35 +335	0	0	0	0.0	0	极贫
2	K35 +335 ~ K35 +385	50	22.8	0.3	180.3	0.46	弱富水
3	K35 +385 ~ K36 +990	1605	312.4	28.0	289.6	0.19	弱富水
4	K36 +990 ~ K38 +520	1530	161.0	15.7	217.8	0.11	弱富水
5	K38 +520 ~ K38 +745	225	1073.3	744.0	215.3	4.77	中等富水
6	K38 +745 ~ K38 +990	245	236.8	74.3	106.0	0.97	弱富水
7	K38 +990 ~ K39 +155	165	767.0	542.0	157.2	4.65	中等富水
8	K39 +155 ~ K40 +030	875	440.4	101.4	274.8	0.50	弱富水
9	K40 +030 ~ K40 +190	160	778.5	630.5	161.1	4.87	中等富水
10	K40 +190 ~ K41 +025	835	1086.1	470.8	439.7	1.30	中等富水
11	K41 +025 ~ K42 +510	1485	732.8	176.7	468.8	0.49	弱富水

续上表

分段编号	洞身水文地质分段	穿过含水段长度 L (m)	古德曼经验公式法最大涌水量 (m^3/d)	水平坑道涌水量 (m^3/d)	裘布依理论公式法正常涌水量 (m^3/d)	单位最大涌水量 q_0 (m^3/dm)	洞体富水类型
12	K42 +510 ~ K43 +290	780	135.7	17.3	142.6	0.17	弱富水
13	K43 +290 ~ K43 +460	170	93.3	20.5	54.5	0.55	弱富水
14	K43 +460 ~ K44 +060	600	69.7	6.9	89.0	0.12	弱富水
15	K44 +060 ~ K44 +475	415	1771.5	918.3	353.9	4.27	中等富水
16	K44 +475 ~ K44 +560	85	11.4	0.9	12.9	0.13	弱富水
17	K44 +560 ~ K44 +730	170	183.5	41.2	71.2	1.08	中等富水
18	K44 +730 ~ K44 +870	140	56.5	7.5	36.0	0.40	弱富水
19	K44 +870 ~ K45 +610	740	312.2	25.8	191.0	0.42	弱富水
20	K45 +610 ~ K45 +702	0	0	0.0	0.0	0	极贫
合计	洞体长度 10490m	10275	8244.9	3822.1	3461.7		

左幅洞体含水段累计长度10250m，非含水段长度123m，地下水径流模数法洞体涌水量为1221m^3/d，洞体正常涌水量推荐值为2537.5m^3/d；古德曼经验公式法最大涌水量为7360.9m^3/d。其中，中等富水洞身累计长度1835m，在隧道穿越的F6、F7、F2断裂带上盘附近可能发生突水和突泥。

右幅洞体含水段累计长度10275m，非含水段长度215m，地下水径流模数法洞体涌水量为1221m^3/d，洞体正常涌水量推荐值为3461.7m^3/d；古德曼经验公式法最大涌水量为8244.9m^3/d。其中，中等富水洞身累计长度1970m，在隧道穿越的F6、F7、F2断裂带上盘附近可能发生突水和突泥。

1号斜井含水段累计长度1315m，非含水段长度32m，洞体正常涌水量推荐值为410m^3/d；古德曼经验公式法最大涌水量为828.2m^3/d。其中，中等富水洞身累计长度420m，无强富水段落。1号斜井涌水量计算综合成果见表2-10。

1号斜井涌水量计算综合成果表 表2-10

分段编号	洞身水文地质分段	穿过含水段长度 L (m)	古德曼经验公式法最大涌水量 (m^3/d)	水平坑道涌水量 (m^3/d)	裘布依理论公式法正常涌水量 (m^3/d)	单位最大涌水量 q_0 (m^3/dm)	洞体富水类型
1	K0 +000 ~ K0 +445	445	67.4	8.5	77.1	0.15	弱富水
2	K0 +445 ~ K0 +895	450	123.7	17.8	100.7	0.27	弱富水
3	K0 +895 ~ K1 +245	350	385.7	53.7	141.0	1.10	中等富水
4	K1 +245 ~ K1 +315	70	251.5	5.0	91.2	3.59	中等富水
5	K1 +315 ~ K1 +347	0	0	0	0.0	0	极贫
合计	洞体长度 1347m	1315	828.2	85.0	410.0		

2号斜井含水段累计长度1740m，非含水段长度100m，洞体正常涌水量推荐值为557m^3/d；古德曼经验公式法最大涌水量为1161.9m^3/d。其中，富水洞身累计长度275m，无强富水段落。在2号斜井穿越的F1号断裂带上盘附近可能发生突水和突泥。2号斜井涌水量计算综合成果见表2-11。

2号斜井涌水量计算综合成果表 表2-11

分段编号	洞身水文地质分段	穿过含水段长度 L (m)	古德曼经验公式法最大涌水量 (m^3/d)	水平坑道涌水量 (m^3/d)	裘布依理论公式法正常涌水量 (m^3/d)	单位最大涌水量 q_0 (m^3/dm)	洞体富水类型
1	K0 +000 ~ K0 +220	220	96.2	19.5	63.5	0.44	弱富水
2	K0 +220 ~ K0 +495	275	498.1	197.9	159.3	1.81	中等富水
3	K0 +495 ~ K1 +445	950	326.6	42.8	228.3	0.34	弱富水
4	K1 +445 ~ K1 +740	295	241.1	20.6	105.9	0.82	弱富水
5	K1 +740 ~ K1 +840	0	0	0.0	0.0	0	极贫水
合计	2号斜井长度1840m	1740	1161.9	280.8	557.0		

根据预测，隧道施工时，围岩出水状态主要为裂隙滴渗水，其次为局部淋雨状或短时股状出水。左右幅洞体含水段每延米平均最大涌水量分别为$q_{0左}=0.72$m^3/dm、$q_{0右}=0.80$m^3/dm，洞体内出水位置主要集中分布在隧道穿越的断层构造带、变质岩带及强风化裂隙带附近。1号竖井进口地下水位埋深为45.0m，预测掘进至井底端井筒壁涌水量为458.9m^3/d。受地形地貌控制，隧道工程施工对周围水环境影响范围较小，在较充分采取保护措施的条件下，隧址施工短期造成的影响将较快恢复，隧道工程对周边环境影响轻微。

Chapter 03

第3章

大万山隧道土建设计

3.1 技术标准及总体设计

3.1.1 技术标准

公路等级:双向四车道高速公路。

设计速度:80km/h。

设计荷载:公路—Ⅰ级。

建筑限界:净宽10.25m,净高5m。

设计纵坡:1.8%。

抗渗等级:S8。

3.1.2 隧道总体设计

大万山隧道位于吕梁市岚县与兴县交界的吕梁山脉大万山,设计为左、右线分离式,隧道左、右线两洞最小间距35m。隧道左线:设计全长10379m,施工里程为ZK35+306~ZK45+685。隧道右线:设计全长10490m,施工里程为YK35+212~YK45+702。隧道最大埋深684.1m。

隧道横断面按《公路工程技术标准》(JTG B01—2014)和《公路隧道设计规范》(JTG D70—2004)设计,组成为(0.75+0.5+3.75×2+0.75+0.75)m。据此,建筑限界采用单洞净宽10.25m,净高5.0m,行车道宽度7.5m(2×3.75m),设双侧检修道,左、右侧检修道宽度为0.75m,隧道路面设计坡度1.8%。大万山隧道采用三心圆(曲墙半圆拱形)断面,拱半径5.43m,曲墙半径7.93m,净空断面面积为62.8m^2。

根据隧道设计长度设置人行横洞,人行横洞间距按照250~500m设置,建筑界限2×2.5m;行车横洞间距按照750~1000m设置,建筑界限4.5×5m。设计采用新奥法原理,采用初期喷、锚、钢架支护与模筑混凝土的复合衬砌方案,衬砌厚度为35~50cm,采用新奥法原理施工。

为满足通风要求,大万山隧道设置了2处通风斜井和1处通风竖井。1号通风斜井位于TJ2合同段YK38+370右侧山体一侧,斜井主通道长度1325m与隧道轴线的夹角为22°。2号通风斜井位于T3合同段ZK42+526左侧山体一侧,斜井主通道长度1830m与隧道轴线的夹角为23°。通风竖井位于TJ3合同段YK42+280右侧,竖井主通道深度434m。

3.2 隧道设计

3.2.1 洞门设计

根据隧道进出口地形、地貌和工程地质条件，结合开挖边仰坡的稳定性及洞口防排水需要，本着“早进晚出”的原则，确定隧道进出口位置、明洞形式，洞门形式的选择力求结构简单，并与洞口地形、地貌协调一致。仰坡开挖高度一般小于5m，洞门形式主要考虑使用功能和尽可能节省投资，同时考虑结合地形的整体美化效果和驾驶员行驶的舒适度，洞门形式采用端墙式和削竹式，并进行必要的装饰。隧道洞口段结合地形、地质、改路等情况设置明洞，明洞衬砌分为整体式、复合式、喷锚式三种形式，大万山隧道明洞采用整体式衬砌。

洞门设计立面图和剖面图如图3-1、图3-2所示。隧道右线明洞段衬砌断面如图3-3所示。

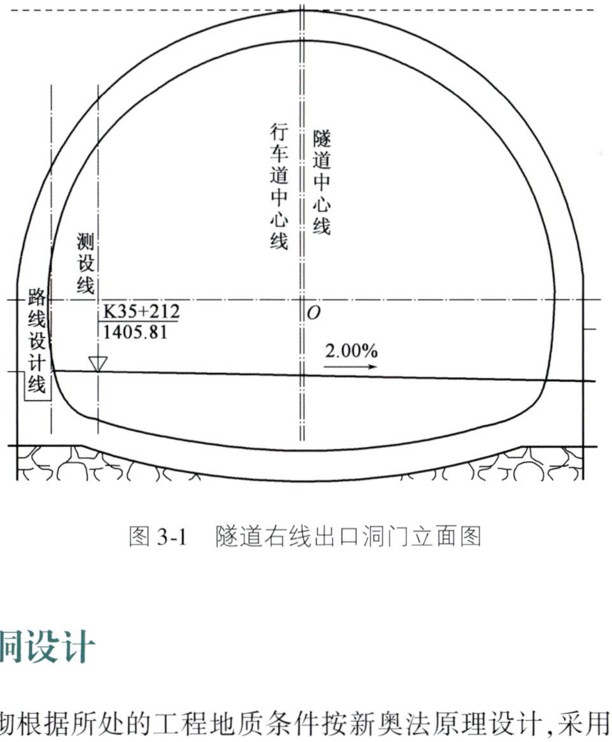

图3-1 隧道右线出口洞门立面图

3.2.2 正洞设计

隧道洞身段衬砌根据所处的工程地质条件按新奥法原理设计，采用柔性支护体系结构的复合式衬砌，即以锚杆、喷射混凝土、钢拱架等为初期支护，超前大管棚、超前注浆小导管、超前锚杆等为施工辅助措施，充分发挥围岩的自承能力，在监控量测信息的指导下施作初期支护和二次模筑衬砌。

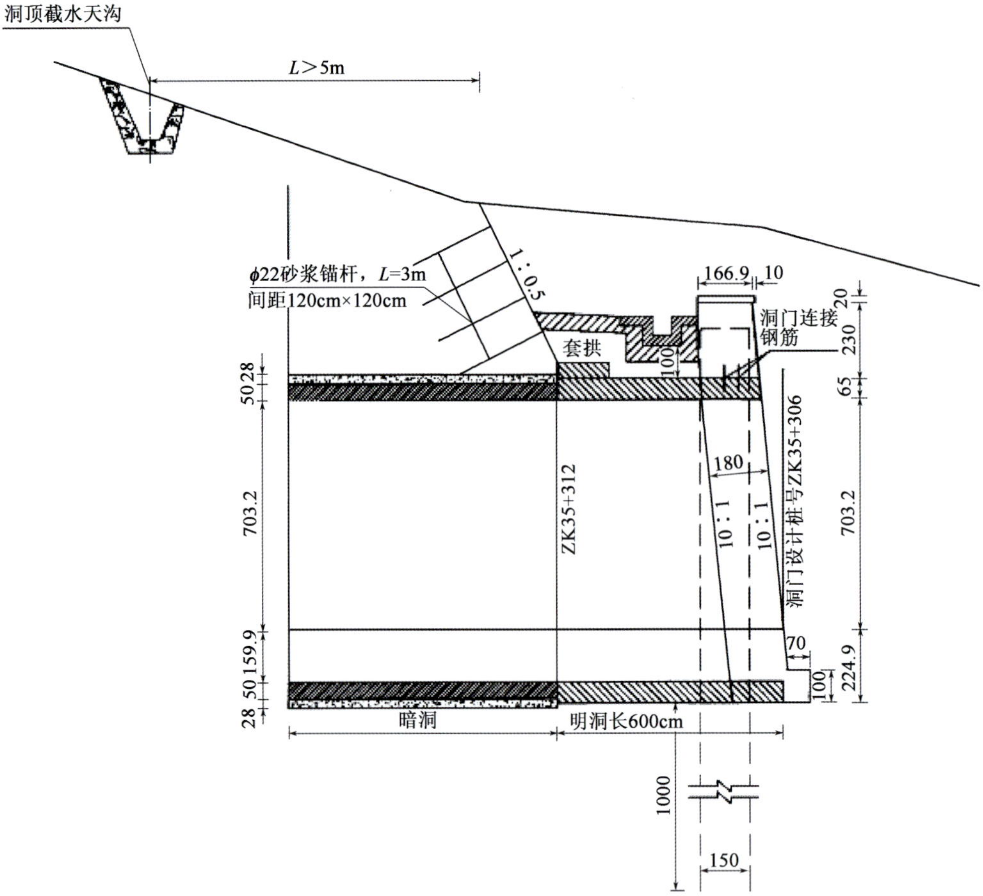

图 3-2　隧道右线出口洞门剖面图(尺寸单位:cm)

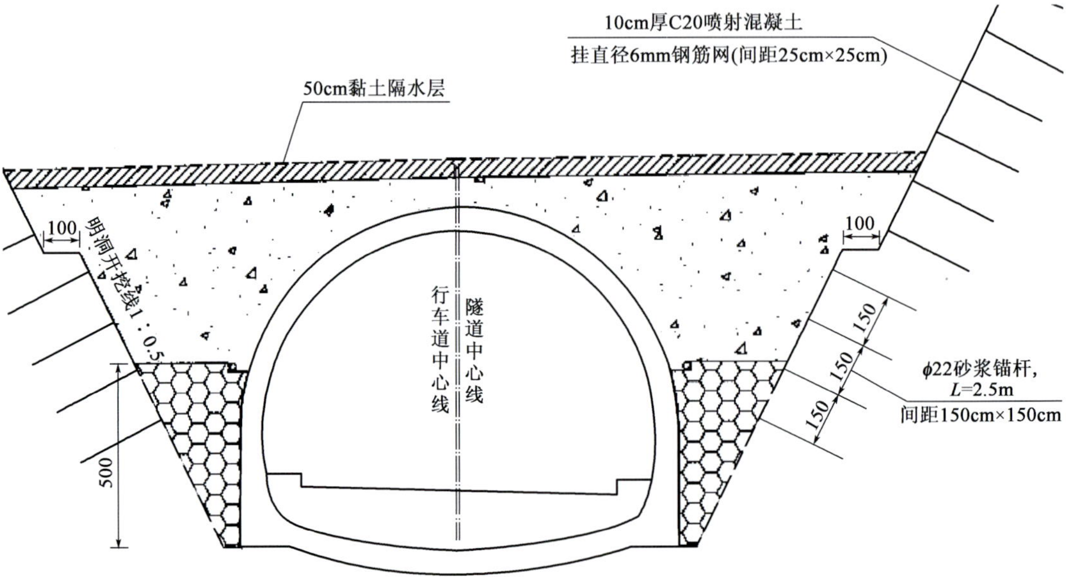

图 3-3　隧道右线明洞衬砌断面图(尺寸单位:cm)

二次衬砌采用模筑混凝土或钢筋混凝土结构，二次衬砌抗渗等级不低于 S8。衬砌结构设计参数采用工程类比法，结合构造要求，根据隧道埋置深度、围岩级别、结构跨度、受力条件，施工因素等，参照有关规范及国内类似工程经验拟定有关参数，以有限元分析进行结构计算校核，最后综合考虑各种影响因素，确定各级别复合衬砌支护参数。

1）主洞

隧道衬砌结构均采用新奥法复合式衬砌，正洞围岩等级分为Ⅲ级、Ⅳ级、Ⅴ级，设有 7 种形式的衬砌结构，复合式衬砌支护参数见表 3-1。

复合式衬砌支护设计参数表 表 3-1

项目			单位	衬砌类别						
				S3b（Ⅲ$_1$ 围岩）	S3a（Ⅲ$_2$ 围岩）	S4c（Ⅳ$_1$ 围岩）	S4b（Ⅳ$_2$ 围岩）	S4a（Ⅳ$_3$ 围岩）	S5b（Ⅴ$_1$ 围岩）	S5a（Ⅴ$_2$ 围岩）
预留变形量			cm	4	4	6	7	8	10	12
超前支护		类型				锚杆	锚杆	锚杆	钢管	双层钢管
		环间间距	cm			40	40	40	40	40
		长度	m			4.5	4.5	4.5	4.5	4.5
		直径	mm			25	25	25	42	42
		外插角	（°）			5～15	5～15	5～15	5～15	30/（5～15）
初期支护	C25喷射混凝土	位置		拱、墙	拱、墙	拱、墙	拱、墙	拱、墙	拱、墙、仰拱	拱、墙、仰拱
		厚度	cm	15	16	20	20	22	24	28
	锚杆	类型		ϕ22mm 水泥砂浆锚杆	ϕ22mm 水泥砂浆锚杆	ϕ22mm 水泥砂浆锚杆	ϕ22mm 水泥砂浆锚杆	ϕ22mm 水泥砂浆锚杆	ϕ25mm 中空注浆锚杆	ϕ25mm 中空注浆锚杆
		长度	m	2.5	2.5	3.0	3.0	3.5	3.5	4.0
		间距	cm×cm	120×120	120×120	100×100	100×100	100×75	100×60	80×60
	钢架	工字钢				I 14	I 14	I 16	I 18	I 20
		格栅钢架			主筋 ϕ22mm					
		架立钢筋		主筋 ϕ22mm、纵筋 ϕ12mm						
		间距	cm	主筋 60、纵筋 100	120	100	100	75	60	60
		位置		拱、墙	拱、墙	拱、墙	拱、墙	拱、墙	拱、墙、仰拱	拱、墙、仰拱
	钢筋网	直径	mm	8	8	8	8	8	8	6
		间距	cm×cm	20×20	20×20	20×20	20×20	20×20	15×15	15×15 双层
		位置		拱	拱	拱、墙	拱、墙	拱、墙	拱、墙、仰拱	拱、墙、仰拱
二次衬砌	混凝土	类型		C35 素混凝土	C35 素混凝土	C40 素混凝土	C40 素混凝土	C45 素混凝土	C40 钢筋混凝土	C40 钢筋混凝土
		位置		拱、墙	拱、墙	拱、墙	拱、墙、仰拱	拱、墙、仰拱	拱、墙、仰拱	拱、墙、仰拱

Ⅲ级围岩采用系统锚杆配合喷射混凝土整体成形，二次衬砌采用素混凝土，Ⅲ级围岩不设仰拱。Ⅳ级围岩采用超前锚杆，径向系统锚杆、钢拱架支持配合喷射混凝土整体成形，二次衬砌采用素混凝土，$Ⅳ_1$ 围岩 S4c 衬砌、$Ⅳ_2$ 围岩 S4b 衬砌不设仰拱，$Ⅳ_3$ 围岩 S4a 衬砌设仰拱。Ⅴ级围岩采用超前钢管、双层钢管，径向系统锚杆、钢拱架支持配合喷射混凝土整体成形，二次衬砌采用钢筋混凝土，设仰拱。隧道 $Ⅲ_1$ 围岩 S3b 衬砌、$Ⅴ_2$ 围岩 S5a 衬砌结构横断图分别如图 3-4、图 3-5 所示。

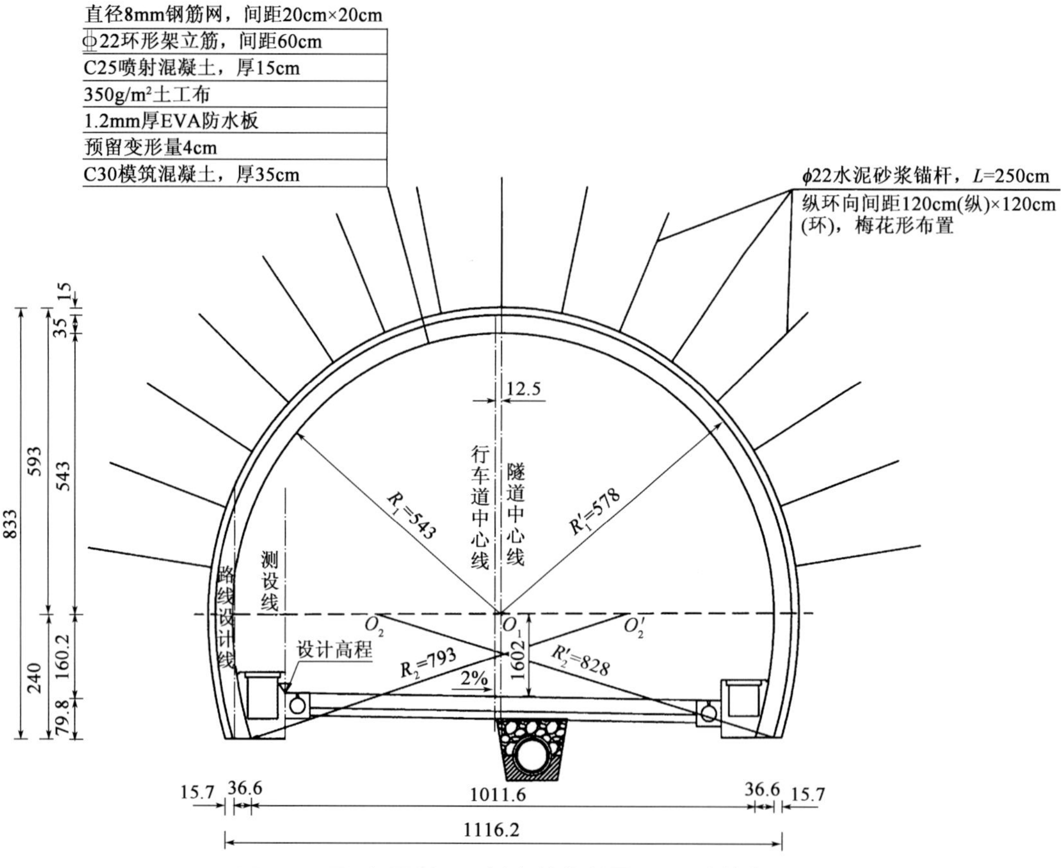

图 3-4 $Ⅲ_1$ 级围岩 S3b 衬砌结构断面图(尺寸单位：cm)

注：EVA 是乙烯-醋酸乙烯共聚物的英文简称。

如图 3-4 所示，拱部设系统锚杆、喷射混凝土、钢筋网，锚杆采用水泥砂浆锚杆，梅花形布置；喷层内钢筋在拱部和边墙随岩体面起伏铺设，钢筋间采用焊接，其保护层不得小于 2cm；隧道预留变形量按 4cm 计算。

如图 3-5 所示，本段设计应用新奥法原理，采用复合式衬砌，初期支护由系统锚杆、钢筋网、喷混凝土、工字钢钢拱架组成，结合超前导管，钢筋混凝土作为二次衬砌，初期支护与二次衬砌之间铺设复合防水层；拱部、边墙设系统锚杆、钢筋网喷射混凝土，锚杆采用中空注浆锚杆，梅花形布置。超前支护采用双层小导管，上层导管张角为 30°，下层导管张角为 5°～15°；喷层内钢筋在拱部和边墙随岩体面起伏铺设，钢筋间采用焊接，其保护层厚度不得小于 2cm；隧道预留变形量按 12cm 计算。

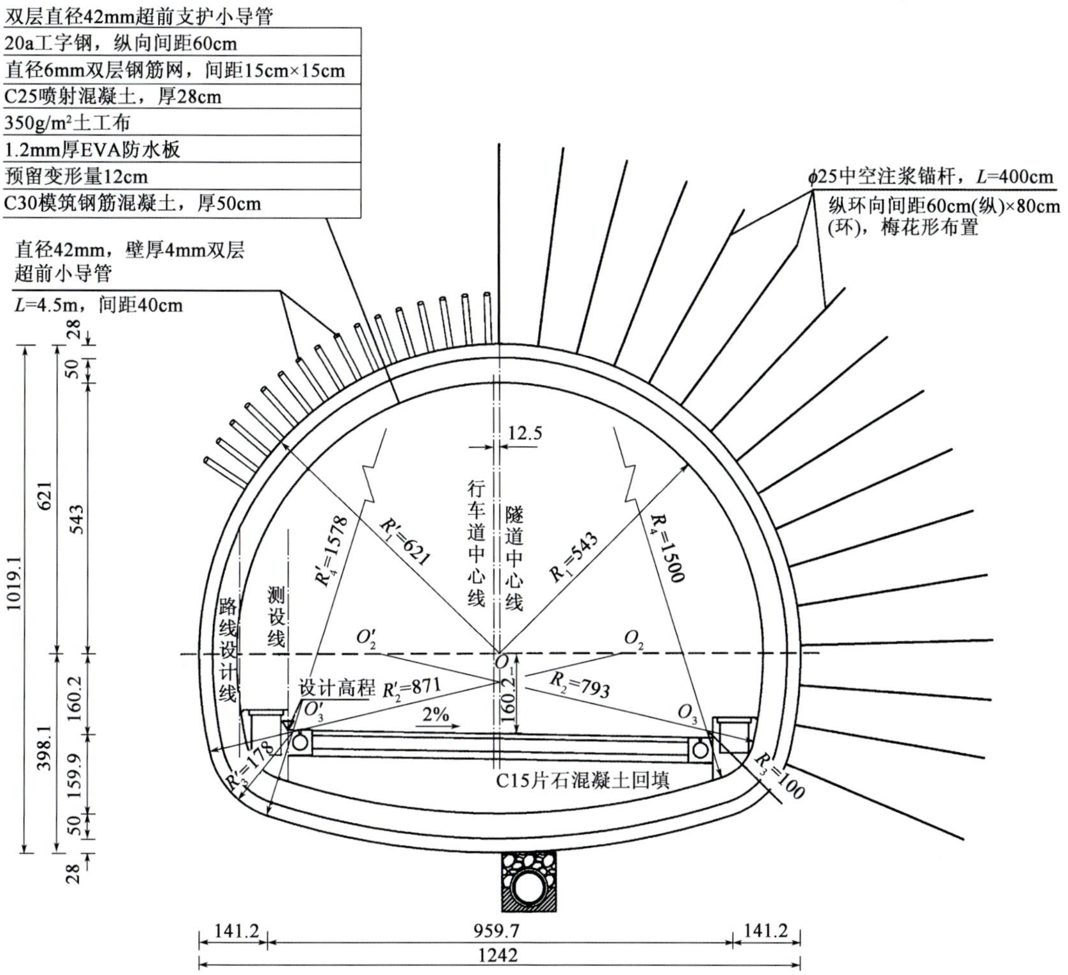

图 3-5 V_2 级围岩 S5a 衬砌结构断面图(尺寸单位:cm)

2)紧急停车带

紧急停车带以新奥法为指导采用复合式衬砌设计,紧急停车带配合车行横洞布设,位置均在地质条件相对较好的Ⅲ级和Ⅳ级围岩段落。紧急停车带长 50m,布置在行车方向右侧。紧急停车带断面设计为三心圆,在一般断面净宽 10.25m 的基础上加宽 3.00m。紧急停车带配合行车横洞设置,在隧道内行车方向右侧设置。Ⅲ级和Ⅳ级围岩紧急停车带衬砌断面分别如图 3-6、图 3-7 所示。

如图 3-6 所示,设计应用新奥法原理,采用复合式衬砌,初期支护由系统锚杆、钢筋网、喷射混凝土、工字钢拱架组成,结合超前锚杆,模筑混凝土作为二次衬砌。初期支护与二次衬砌之间铺设复合防水层。拱部、边墙设系统锚杆、钢筋网喷射混凝土,锚杆采用直径 22mm 水泥砂浆锚杆,梅花形布置。超前支护采用直径 25mm 水泥砂浆超前锚杆,锚杆张角为 5°~15°,隧道预留变形量按 6cm 计算。

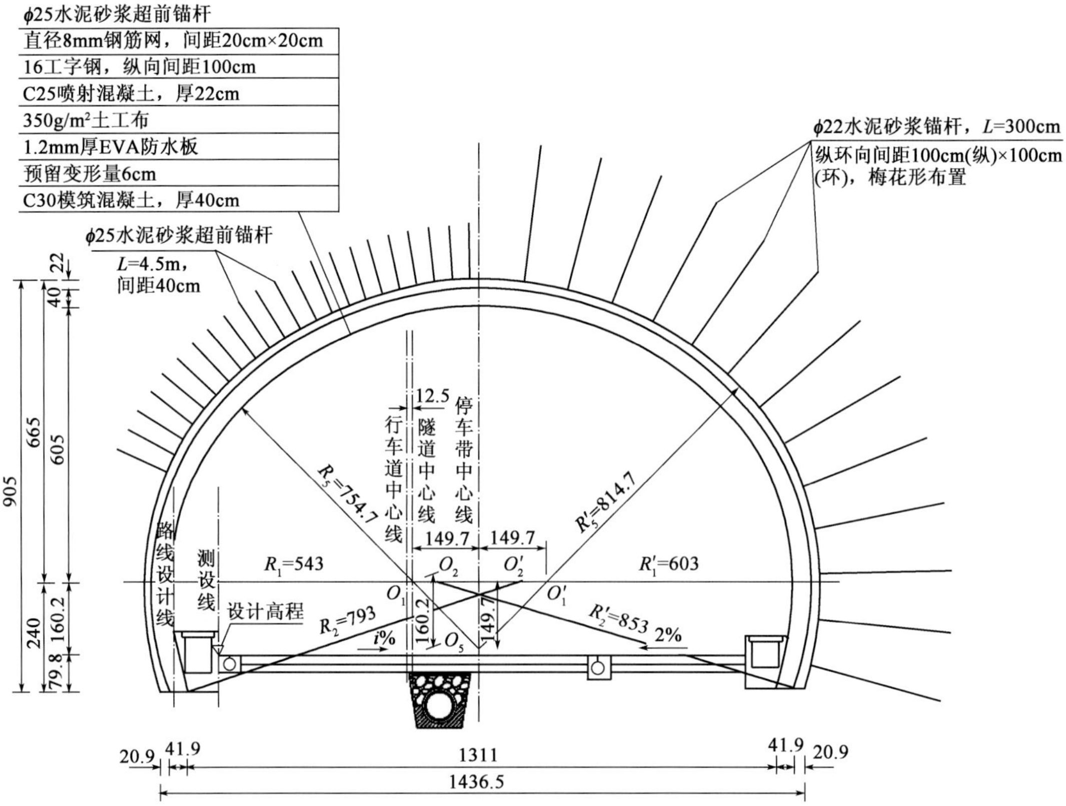

图 3-6　Ⅲ级围岩紧急停车带衬砌结构断面图(尺寸单位:cm)

如图 3-7 所示,设计应用新奥法原理,采用复合式衬砌,初期支护由系统锚杆、钢筋网、喷混凝土、工字钢钢拱架组成,结合超前导管,钢筋混凝土作为二次衬砌。初期支护与二次衬砌之间铺设复合防水层。拱部、边墙设系统锚杆、钢筋网喷射混凝土,锚杆采用中空注浆锚杆,梅花形布置;超前支护采用小导管,钢管张角为 5° ~ 15°;隧道预留变形量按 10cm 计算。

3)横通道

车行、人行横洞设置间距满足规范要求,尽可能布设在围岩较好的段落,人行横洞与车行横洞相间排列。其中,人行横洞与隧道轴线正交;车行横洞设置紧急停车带中间位置,并在与隧道轴线正交。因此车行横洞和人行横洞设置如下。

车行横洞:净宽 6.00m,限高 5.00m,采用直墙拱形断面。

人行横洞:净宽 2.00m,限高 2.50m,采用直墙拱形断面。

4)路面及洞内装饰

大万山隧道进出口 300m 路面结构采用复合式沥青混凝土,4cm 细粒式 SMA-13 细粒式改性沥青玛蹄脂 +6cm 中粒式 AC-20 密级配型改性沥青混凝土 +26cm 重交通水泥混凝土 +15cm 贫混凝土,无仰拱时,增设 10cm 贫混凝土的调平层。洞内路面结构采用水泥混凝土

[26cm 重交通(28cm 特重交通)水泥混凝土 + 15cm 贫混凝土],无仰拱时,增设 10cm 贫混凝土的调平层。车行横洞路面结构:18cm 水泥混凝土 + 10cm 贫混凝土基层。人行横洞路面结构:18cm 水泥混凝土。

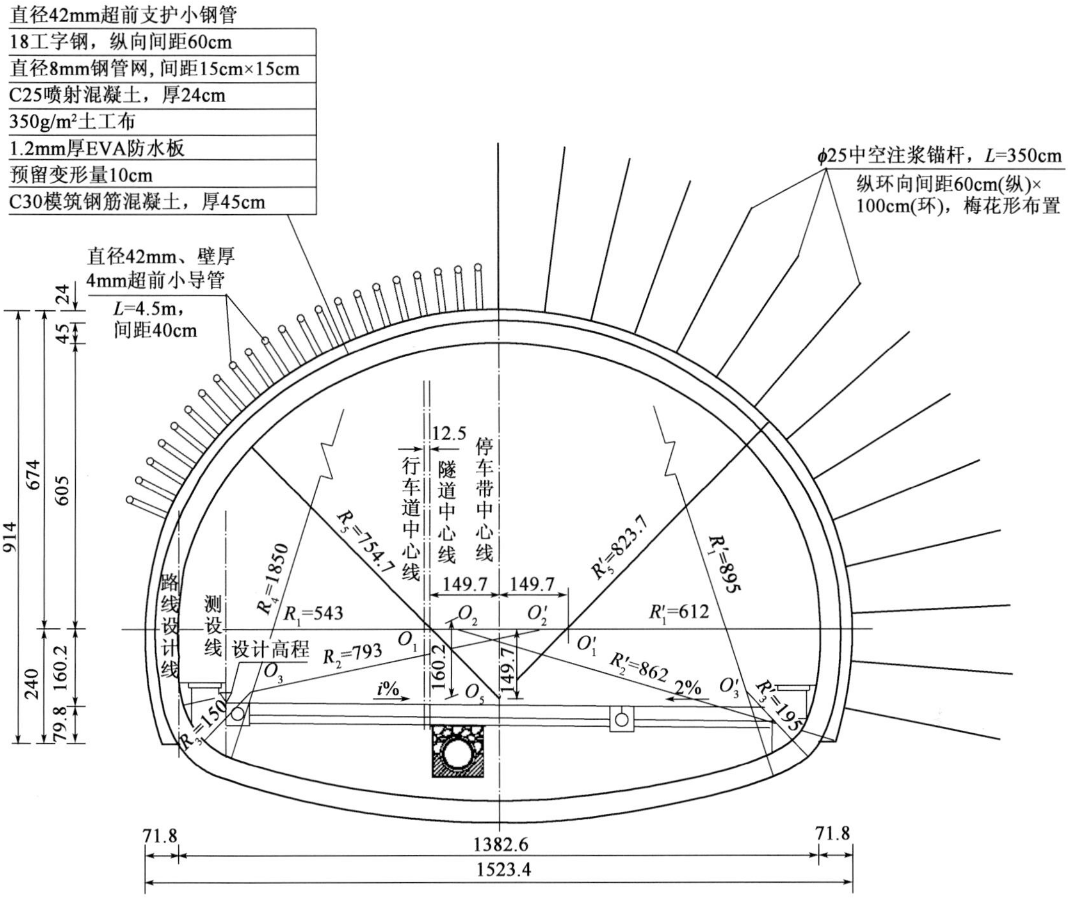

图 3-7 Ⅳ级围岩紧急停车带衬砌结构断面图(尺寸单位:cm)

隧道内装饰:隧道内边墙面层装饰推荐采用贴瓷砖和无机型防火涂料喷涂,检修道以上 3m 范围内为浅色隧道专业防火瓷砖,其余部分为防火涂料。涂料采用隧道专用厚型防火涂料,满足《合成树脂乳液外墙涂料》(GB/T 9755—2014)的外墙涂料,其耐碱性、耐洗刷性须满足优等品要求。

5)检修道设计

为便于洞内设施的维修养护,隧道内设置双侧检修道,检修道的高度考虑检修人员步行及下跨的安全,以及紧急情况下驾乘人员上跨检修道拿取消防设备的安全,同时结合隧道内强弱电缆、给水管等的规模、设置形式,满足电缆槽空间尺寸的要求,设计检修道高度为 40cm,左、右检修道宽度均为 75cm。

3.2.3 辅助施工手段

隧道采用的辅助施工措施主要有超前长管棚和超前小导管、超前锚杆、加固注浆等。

1) 超前长管棚

设置于隧道洞口，管棚入土深度是结合地形、地质情况确定。管棚钢管均采用直径108mm、长6m热轧无缝钢管，环向间距40cm，接头用长15cm的丝扣直接对口连接。当长管棚钢管已深入微风化岩层时，可以适当缩短长管棚长度。钢管设置于衬砌拱部，管心与衬砌设计外轮廓线间距大于30cm，平行路面中线布置。要求钢管偏离设计位置的施工误差不大于20cm，沿隧道纵向同一横断面内接头数不大于50%，相邻钢管接头数至少须错开1.0m。为增强钢管刚度，注浆完成后管内应以M30水泥砂浆填充。为了保证钻孔方向，在明洞衬砌外设60cm厚C25钢架混凝土套拱，套拱纵向长2.0m。考虑钻进中的下垂，钻孔方向应较钢管设计方向上偏1°～3°(不包括路线纵坡)。钻孔位置，方向均应采用测量仪器测定，在钻进过程中必须用测斜仪测定钢管偏斜度，发现偏斜有可能超限，应及时纠正，以免影响开挖和支护。

2) 超前小导管

设置在隧道洞内无长管棚支护的Ⅴ级围岩石质、Ⅳ级围岩石质处的紧急停车带地段，采用外径42mm、壁厚4mm的热轧无缝钢管，在钢管距尾端1m范围外钻直径6m压浆孔。钢管环向间距约40cm，外插角控制在10°～15°，尾端支撑于钢架上，小导管纵向搭接长度大于1.0m。

3) 超前锚杆

设置在隧道洞身Ⅳ级深埋土质、Ⅳ级围岩石质、Ⅲ级围岩石质处的紧急停车带地段。锚杆采用直径25mm的HRB400级钢筋，环向间距约40cm。实际施作时锚杆方向应根据岩体结构面产状确定，以尽量使锚杆穿透更多的结构面为原则，外插角10°左右。采用早强砂浆作为黏结材料，每排锚杆的纵向搭接长度要求不小于1.0m。

4) 加固注浆

加固注浆可分为长管棚注浆和周边加固注浆，主要用在Ⅴ级围岩石质、Ⅳ级围岩石质处的紧急停车带地段，以通过注浆提高围岩自身承载能力，提高岩体对结构的弹性抗力，改善结构受力条件。长管棚注浆利用洞口长管棚先行敷设的钢花管进行施工；小导管注浆利用超前小导管预注浆；周边加固注浆利用D25中空注浆锚杆进行施工，注浆采用水泥浆液。

3.2.4 特殊灯光带设计

由于大万山隧道较长，车辆在隧道内行车时间较长，为了避免驾驶员长期在隧道内驾驶而造成视觉疲劳，在隧道左右洞各设一处特殊灯光带，以提高驾驶员注意力，并美化隧道环境。特殊灯光带设计内轮廓图如图 3-8 所示，且设计符合以下理念。

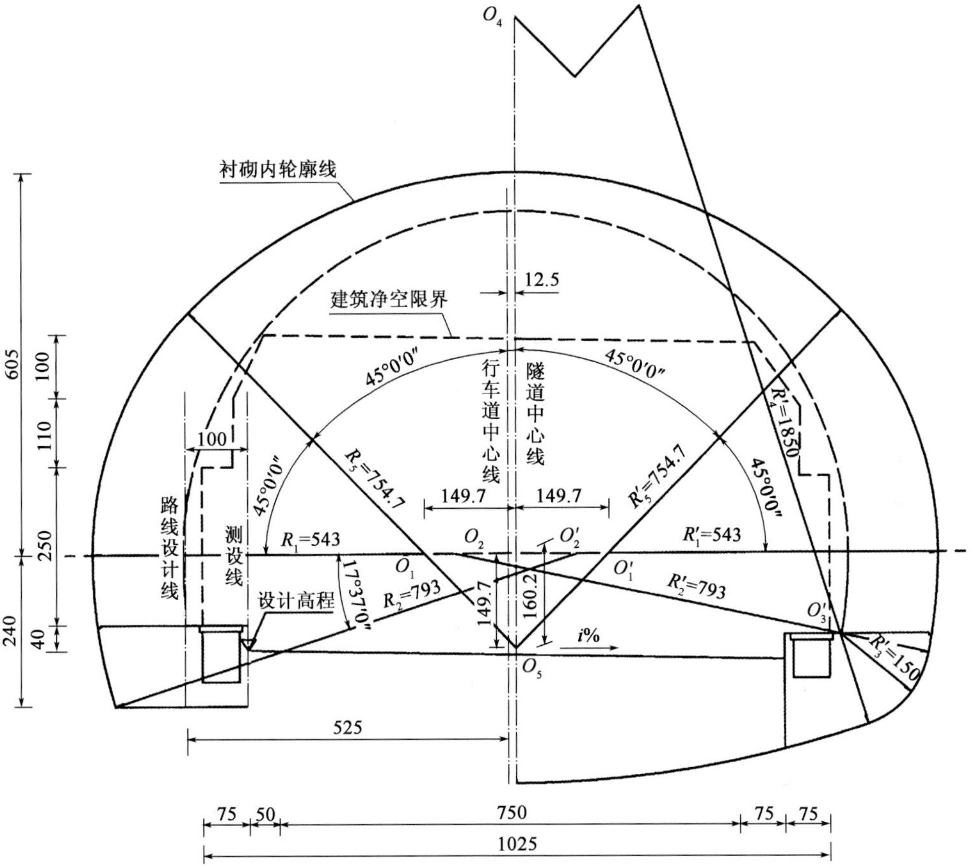

图 3-8 特殊灯光带设计内轮廓图(尺寸单位:cm)

先进性:采用国内外最新的图案投影技术,灯光效果卓越,视觉感染力和冲击力强。

经济性:尽量降低工程建成后的运行成本,既要达到隧道亮化的规范要求,又要形成隧道夜景景观的良好效果。

实用性:科学选用技术设备,特殊灯光带设施经久耐用,方便维护,整体实用性强。

可靠性:选用符合现行国家标准、通过国家有关部门质量检测、使用性能安全可靠的产品。

节能性:灯具采用高效节能型光源和发光二极管(LED)光源,能够有效降低能耗。

3.2.5 结构防排水设计

隧道一般防排水设计总体遵循“以排为主,防、排、截、堵相结合”的综合治理原则,对地表水、地下水采取妥善的处理措施,使洞内外形成一个完整、畅通的防排水系统,达到排水通畅、防水可靠、经济合理、不留后患的目的,保证使用期内行车安全、设备正常使用。综合排水设计图如图 3-9 所示。

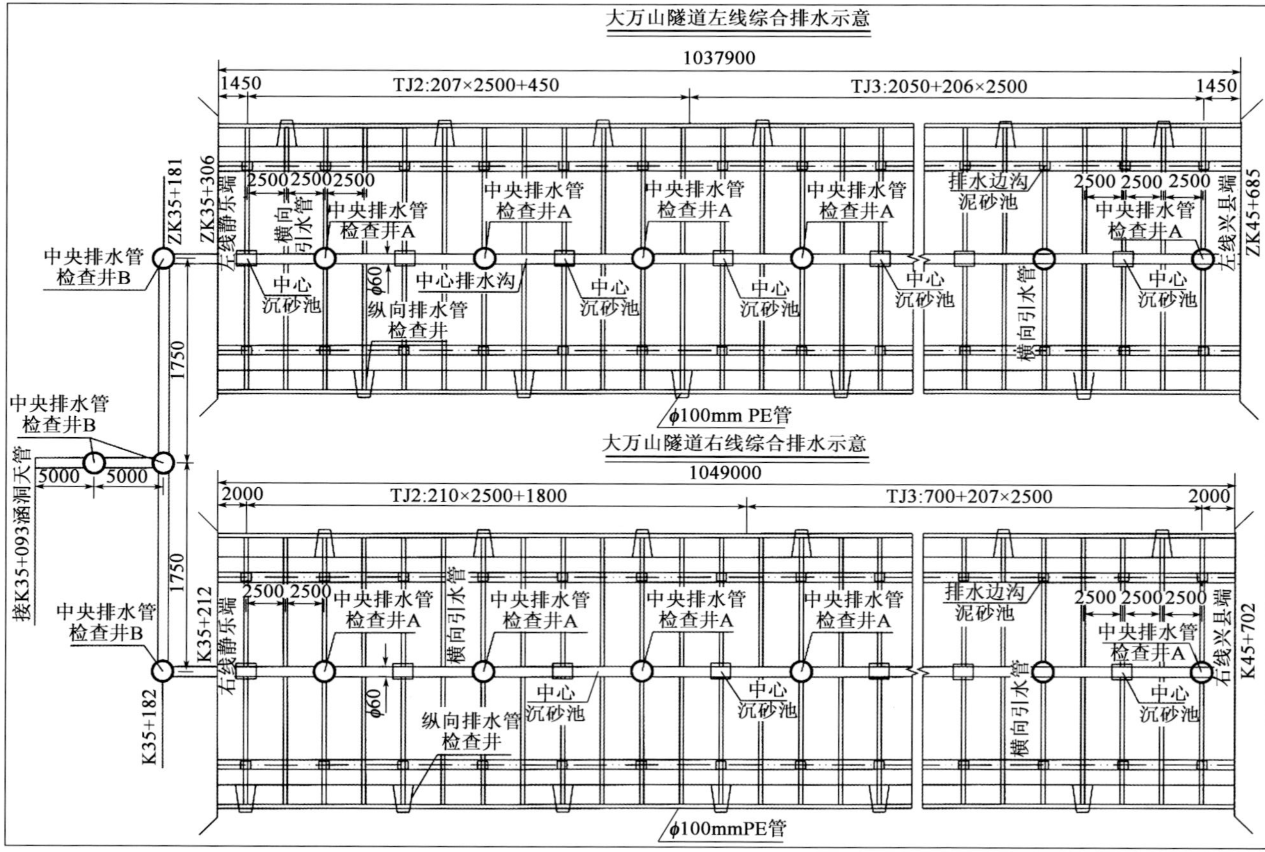

左线排水工程数量表

项目	单位	TJ2	TJ3
边沟沉砂池	处	208	208
中心沉砂池	处	52	52
中心检查井	处	52+4	52
排水边沟	m	5194×2+8	5185×2+8
中心排水沟	m	5194+290	5185
横向排水管	道	416	414
纵向排水管检查井	处	104	103

右线排水工程数量表

项目	单位	TJ2	TJ3
边沟沉砂池	处	212	208
中心沉砂池	处	53	52
中心检查井	处	53	52
排水边沟	m	5288×2+8	5202×2+8
中心排水沟	m	5288	5202
横向排水管	道	422	416
纵向排水管检查井	处	105	104

图 3-9 综合排水设计图(尺寸单位:cm)

(1)沿隧道全长在初期支护与二次衬砌之间设置1.2mm厚乙烯-醋酸乙烯共聚物(EVA)防水板+350g/m^2土工布。

(2)隧道内施工缝、沉降缝设置中埋式复合橡胶止水带,二次衬砌混凝土抗渗等级不低于S8。

(3)为了有效排出衬砌以外围岩裂隙水,消除二次衬砌背面的静水压力,按照"动态排水"排水原则,采用在初期支护喷射混凝土中根据地下水量大小设置环向直径50mm软式透水管,将水引入衬砌两侧墙脚外侧直径100mm的半边打孔聚乙烯(PE)管,再经直径100mm的PE横向引水管引入隧道中心排水沟,在隧道洞口处经过保温出水口排出洞外。

(4)明洞段衬砌采用外贴"两布一膜"防水层,洞顶回填并设置黏土隔水层,洞顶设截(排)水沟,防止雨水对坡面及洞口的危害。

(5)为了便于检查维修,衬砌边墙脚纵向排水管每100m设一处检查井;中心排水沟每100m设一处检查井,检查井之间设一处中心沉砂池;行车道边缘排水边沟,沿纵向每隔50m设一处沉砂池。排水系统形成了一个便于维修、检查且"通畅无阻"的网络体系,最终实现"动态排水",确保隧道正常运营。

(6)在洞内路面两侧设置预制排水边沟,以排除路面积水和隧道消防、清洁用水,边沟纵坡与隧道纵坡一致,对于有超高的路面路段,根据路面超高情况设置排水边沟。

(7)在各个隧道边仰坡5m外设置截水天沟,将地表水引至对隧道无影响的安全地段排出,位置和纵坡可根据实际地形合理设置。

(8)中心排水沟出洞部分埋深与隧道洞内相同;中心排水管检查井每100m设置一处,沉砂池每50m设置一处,沿隧道纵向交错布置,重合部分检查井加设沉砂池;中心管检查井在进口洞外设置4处,出口不设置,边沟沉砂池设置间距为50m;横向排水管检查井设置间距为25m;纵向排水管检查井单侧设置间距为100m,于隧道两侧交错布置。

3.3 大万山隧道斜井设计

3.3.1 主要技术指标

根据大万山隧道近期、远期计算需风量、排烟要求及隧道长度,右洞采用2号竖井送排式+1号斜井送排式+射流风机纵向通风。隧道左洞采用2号斜井送排式+1号斜井排出式+射流风机纵向通风。现以1号斜井为例,介绍其设计参数。

1号斜井位于TJ2合同段YK38+370右侧,施工期可以作为施工辅助通道(斜井+排风道)使用,为加快施工进度,隧道贯通后根据设计对斜井进行改造。送风道起始于斜井主通道K0+042,与隧道主通道交叉号为YK38+410,对隧道主通道内进行送风。排风道起始于斜井主通道K0+042,与隧道主通道交叉号为YK38+370,用于完成隧道主通道排风工作。

排烟道起始于斜井主通道 K0+060，与隧道主通道交叉号为 ZK38+348.907，用于完成隧道主通道排烟工作。

大万山隧道斜井（包括联络通道）的主要技术参数：

（1）斜井建筑内轮廓：宽 11.8m，高 7.0m。

（2）送风井：面积 34.19m^2，周长 22.85m。

（3）排风井：面积 26.49m^2，周长 20.56m。

（4）联络风道（送风道、排烟道）：面积 34.48m^2，周长 22.28m。

（5）送风口：面积 17.61m^2，周长 17.04m。

（6）排风口：面积 62.83m^2，周长 30.53m。

3.3.2 斜井平纵面设计

大万山隧道 1 号斜井位于 YK38+370 右侧山体侧，斜井主通道长度 1332.79m，与隧道轴线的夹角为 22°，送风道长 58.77m，排风道长 41.65m，排烟道长 84.58m。

纵断设计综合考虑斜井的出渣方式（无轨运输为主）、运营通风要求、施工的难易程度及施工期车辆行驶安全等因素，共设置 6 处缓冲平台（每处长度 35m），坡度 3%。斜井主通道纵坡坡度 12%，张角 4.75°，排风道纵坡坡度 12%，送风道纵坡坡度 1.06%，排烟道采用在右洞上方打入左侧主洞设计方案，在接入位置采用增大右洞截面通过。

3.3.3 斜井衬砌设计

斜井衬砌结构根据其所通过岩层的围岩条件、埋深受力特点，按新奥法原理设计，采用初期喷、锚、钢架支护与二次模筑混凝土的复合衬砌方案，并视地层、地质条件增加长、短管棚、超前锚杆等预加固措施。斜井衬砌结构设计参数见表 3-2。

斜井衬砌支护设计参数表　　表 3-2

项目		单位	衬砌类别						
			SⅠ3b（Ⅲ$_1$ 围岩）	SⅠ3a（Ⅲ$_2$ 围岩）	SⅠ4c（Ⅳ$_1$ 围岩）	SⅠ4b（Ⅳ$_2$ 围岩）	SⅠ4a（Ⅳ$_3$ 围岩）	SⅠ5b（Ⅴ$_1$ 围岩）	SⅠ5a（Ⅴ$_2$ 围岩）
预留变形量		cm	4	4	6	7	8	10	12
超前支护	类型				锚杆	锚杆	锚杆	钢管	双层钢管
	环间间距	cm			40	40	40	40	40
	长度	m			4.5	4.5	4.5	4.5	4.5
	直径	mm			25	25	25	42	42
	外插角	（°）			5～15	5～15	5～15	5～15	30/（5～15）

续上表

项目			单位	衬砌类别						
				S Ⅰ 3b（Ⅲ$_1$ 围岩）	S Ⅰ 3a（Ⅲ$_2$ 围岩）	S Ⅰ 4c（Ⅳ$_1$ 围岩）	S Ⅰ 4b（Ⅳ$_2$ 围岩）	S Ⅰ 4a（Ⅳ$_3$ 围岩）	S Ⅰ 5b（Ⅴ$_1$ 围岩）	S Ⅰ 5a（Ⅴ$_2$ 围岩）
初期支护	C25喷射混凝土	位置		拱、墙	拱、墙	拱、墙	拱、墙	拱、墙	拱、墙、仰拱	拱、墙、仰拱
		厚度	cm	15	16	20	20	22	24	28
	锚杆	类型		ϕ22mm 水泥砂浆锚杆	ϕ22mm 水泥砂浆锚杆	ϕ22mm 水泥砂浆锚杆	ϕ22mm 水泥砂浆锚杆	ϕ22mm 水泥砂浆锚杆	ϕ25mm 中空注浆锚杆	ϕ25mm 中空注浆锚杆
		长度	m	2.5	2.5	3.0	3.0	3.5	3.5	4.0
		间距	cm × cm	120 × 120	120 × 120	100 × 100	100 × 100	100 × 75	100 × 60	80 × 60
	钢架	工字钢				Ⅰ14	Ⅰ14	Ⅰ16	Ⅰ18	Ⅰ20
		格栅钢架			主筋 ϕ22mm					
		架立钢筋		主筋 ϕ22mm、纵筋 ϕ12mm						
		间距	cm	主筋 60、纵筋 100	120	100	100	75	60	60
	钢筋网	位置		拱、墙	拱、墙	拱、墙	拱、墙	拱、墙	拱、墙、仰拱	拱、墙、仰拱
		直径	mm	8	8	8	8	8	8	6
		间距	cm × cm	20 × 20	20 × 20	20 × 20	20 × 20	20 × 20	15 × 15	15 × 15 双层
		位置		拱	拱	拱、墙	拱、墙	拱、墙	拱、墙、仰拱	拱、墙、仰拱
二次衬砌	混凝土	类型		C35 素混凝土	C35 素混凝土	C40 素混凝土	C40 素混凝土	C45 素混凝土	C40 钢筋混凝土	C40 钢筋混凝土
		位置		拱、墙	拱、墙	拱、墙	拱、墙、仰拱	拱、墙、仰拱	拱、墙、仰拱	拱、墙、仰拱

根据《中国地震动参数区划图》（GB 18306—2015），隧址区地震动峰值加速度为 0.05g，地震基本烈度Ⅵ度，衬砌结构设计时，综合考虑地震对衬砌安全的影响，对斜井明洞、Ⅴ级围岩浅埋段及Ⅴ级围岩段、风道交叉加强段二次衬砌采用钢筋混凝土结构，增强结构的抗震性能。斜井 SⅡ5a 级和 SⅡ5b 级衬砌断面分别如图 3-10 和图 3-11 所示。

3.3.4 斜井防排水设计

隧道防排水按照“防、排、截、堵结合，因地制宜，综合治理”的原则进行设计，对地表水、地下水妥善处理，形成一个完善通畅的防排水系统，从而使隧道防水可靠，排水畅通，运营期间隧道内不渗不漏，基本干燥，以保证结构和设备的正常使用和行车安全。

隧道防排水设计主要有以下三个方面。

衬砌排水：在初期支护与防水层之间每间隔一定距离设置环向排水管。

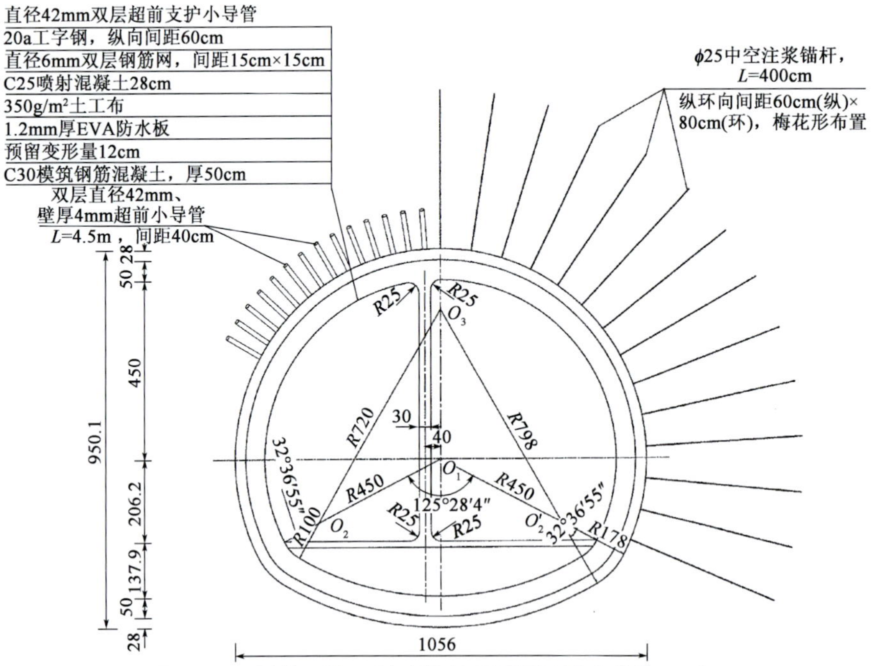

图 3-10　斜井 SⅡ5a 衬砌结构断面图(尺寸单位:cm)

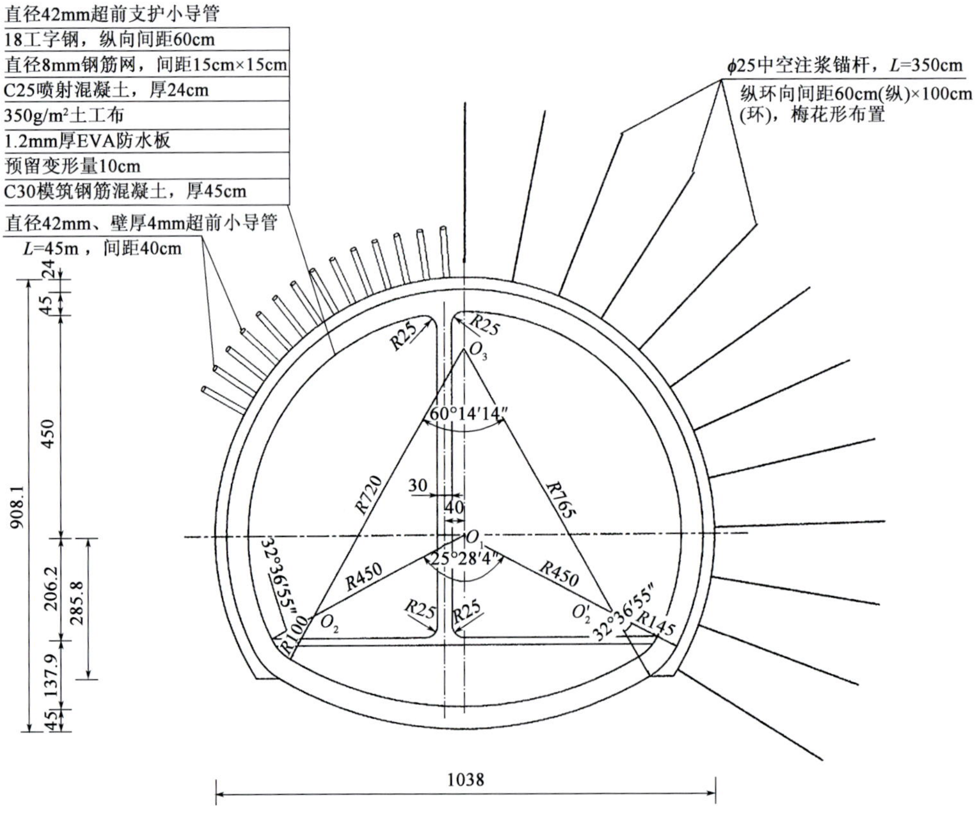

图 3-11　斜井 SⅡ5b 衬砌结构断面图(尺寸单位:cm)

衬砌防水:在初期支护与二次衬砌之间敷设复合防水层,二次衬砌沉降缝与施工缝设止水带。

防水层采用EVA防水卷材+土工布,EVA防水卷材参数必须满足《高分子防水材料 第1部分:片材》(18173.1—2012)的要求,防水卷材采用无钉工艺施工,施工缝、沉降缝均采用橡胶止水带。

3.4 大万山隧道不良地带设计

3.4.1 富水围岩破碎带突(涌)水防治

大万山隧道为山岭隧道,主要穿越两个富水断裂破碎带,富水断裂破碎带防排水遵循"以堵为主,以排为辅"的设计原则。采用超前地质预报、超前红外探水、超前钻孔探测破碎带富水情况,然后进行超前帷幕注浆、全断面径向注浆,注浆材料采用新型高聚物注浆材料。高聚物注浆材料在强度、凝结时间、防水率及注浆量等方面均强于传统材料,具体特性见表3-3。

高聚物注浆材料特性 表3-3

材料类型	高聚物
密度(g/cm^3)	0.2~0.8
抗压强度(15min)(MPa)	3.2~15
凝胶时间(s)	15
黏度(cps)	400~600
防水率(%)	100%
渗透系数(cm/s)	10~8
抗拉强度(MPa)	2~13
注浆量(kg/m^3)	200~800
扩散半径(m)	1.0~1.25

针对大万山隧道涌水量较大的实际情况,隧道进行反坡排水设计。排水方案采用机械排水,设置多级泵站接力排水,固定泵站和移动泵站相结合,工作面积水就近抽至移动泵站或固定泵站,设置固定泵站15处、移动泵站2处,最大排水量为174.67m^3/h。

掌子面位置在开挖下断面与仰拱之间,应在隧道中线每隔50m设置一处临时汇水坑,先将掌子面渗流水经水沟汇集至汇水坑内,再就近抽至移动泵站内,然后由抽水设施经排水管抽至上一级固定泵站内,直至将洞内积水抽排至隧道外,经污水池五级处理后进行排放。固定泵站水箱设置在紧急停车带位置,间距为750~1000m;固定泵站、移动泵站水箱采用钢板加工,固定泵站排水机械采用单级双吸中开泵,移动泵站排水机械采用潜水排污泵。洞口应设置地表水截流设施,汇集至洞口水箱,经潜污泵排入污水池处理后进行排放,防止地表水回灌入隧道。

3.4.2 冻胀区防治

隧址区的最冷月平均气温 -10.4°C，土深度最厚达 130cm。考虑到冻胀对结构的破坏影响，排水边沟采用开口形式；洞口 500m 范围内中心排水沟设置在仰拱下方，并且全线中心排水沟外侧用 5cm 聚氨酯保温材料包裹；洞口 500m 范围内纵向排水管、横向引水管外侧用 2cm 聚氨酯保温材料包裹；进口进行保温出水口设计，确保在冬季二次衬砌背后不冻结，排水系统通畅。

Chapter 04

第4章

隧道施工关键技术

4.1 隧道施工新工艺的应用

4.1.1 初期支护探测孔

隧道衬砌结构同围岩结合紧密是地下结构区别于地面结构的主要特征，所谓“新奥法”的出发点正是支护结构同围岩的共同变形。在隧道施工中由于岩石隧道光面爆破效果不良、施工不规范，在钢筋网作为初期支护的喷射混凝土层背后设置石块或其他物体取代混凝土填充空间，造成围岩与初期支护之间不密实，甚至存在大的空洞区。如果这些缺陷未能及时发现和有效处理，可能会对结构的整体稳定和行车安全造成威胁，因此及时对隧道衬砌的厚度及密实性进行检测评定就显得尤为重要。

喷射混凝土质量检验内容有喷射混凝土的强度和喷射混凝土的厚度。目前，对隧道初期支护厚度检测评定的方法主要有预埋钢筋法、凿孔法、取芯法、断面仪法、三维激光扫描法和地质雷达法。

为进一步加强隧道初期支护质量控制，消除隐蔽工程质量隐患，大万山隧道在初喷作业完成后，利用初期支护探测孔对衬砌厚度、缺陷及衬砌后脱空进行检测。由人工采用手持式风钻对拱顶、拱腰、边墙位置钻孔检测初期支护厚度，每 5m 检测一个断面，确保初期支护无空洞，初期支护厚度满足设计要求。该方法对衬砌的缺陷及衬砌后脱空的判断直观且准确无误，必要时可配合内窥镜插入钻孔，观察结构内部状况。初期支护探测孔如图 4-1 所示。

图 4-1　初期支护探测孔

4.1.2 衬砌端头半钢模板

隧道渗漏水是最主要的隧道病害之一，有“十隧九漏”的说法，而且隧道一旦发生渗漏水后，常常引发其他病害。防水层施工质量在隧道防排水中的作用至关重要，但是防水层难以保证百分百密实，在施工中易出现破损及接缝焊接不密实的情况，一旦防水层出现缺陷，防水板后面的地下水就穿过防水层，渗入二次衬砌混凝土内部。这样，地下渗水会沿着整条隧道纵向扩散。由于缺少有效的排水通道，聚集的水越来越多，水压不断增大，当达到一定程度后，地下水在水压力的作用之下，经衬砌混凝土内部缺陷或后期形成的裂缝渗入隧道内部。对于采用新奥法施工的公路隧道而言，模筑混凝土衬砌是隧道防水的最后一道防线，对隧道防水意义重大，但目前隧道衬砌施工缝和变形缝的防水工艺存在许多不足，导致隧道渗漏严重。

止水带是目前防止隧道衬砌变形缝和施工缝渗漏水最常用的设施之一，放置方式一般分为埋入式和外贴式两种。止水带防水效果与止水带定位和结构缝处混凝土的浇筑效果有关。实际施工中，橡胶止水带柔性大，定位困难，而中埋式止水带设置在衬砌中间，隧道衬砌厚度大，这给混凝土的振捣提供了良好的作业空间，但同时也提高了中埋式止水带的定位难度。混凝土环向结构缝设置过程中，中埋式止水带经历弯折和重新调直的过程，这不仅费时、费力，而且严重影响止水带的平整度，同时在止水带弯折内侧造成较大范围的空隙，降低了混凝土环向结构缝中埋式止水带的止水效果。

大万山隧道施工时，应用一种环向止水带固定装置（图4-2）。其原理是在衬砌台车端头处，沿台车轮廓设置的钢模板作为夹具固定环向止水带，钢模宽度为二次衬砌厚度的1/2，确保止水带居中、圆顺；另外一半衬砌厚度采用木模加固，环向钢管支撑；脱模后，将半钢模翻转，避免触碰下组衬砌钢筋，确保环向中埋式止水带位置准确、线形圆顺，并且安装方便，省时、省力。

图4-2 环向止水带固定装置

4.1.3 防水板热熔垫圈激光定位

防水板施工是公路隧道工程防水施工中的重要环节。在初期支护施工完毕并达到要求的平整度后，即可进行防水卷材的铺设。大万山隧道防水板采用热熔焊接铺设技术，施工时必须严格控制圆垫片布置数量和位置，然而人工焊接防水板的热熔垫圈很难做到间距均匀。

在施工过程中,大万山隧道采用红外线激光定位装置来实现热熔垫圈的精准定位。在隧道二次衬砌防水板铺设前,使用防水板铺挂台车将无纺布固定在预定位置上,再采用带热熔垫圈的射钉钉牢在初期支护的表面上。施工中采用红外线激光定位装置投影出光斑,通过调整激光发射机位置来控制光斑间距,实现热熔垫圈精准定位,避免发生热熔垫圈间距不均匀的情况。热熔垫圈激光定位如图 4-3 所示。

a)

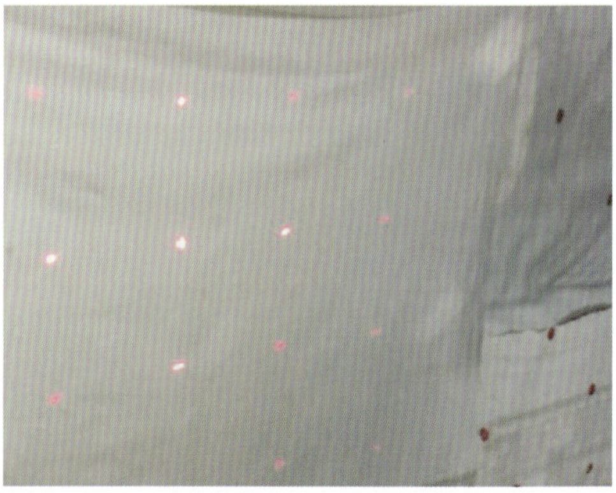

b)

图 4-3 热熔垫圈激光定位

4.1.4 防水板固定

防水板和垫圈连接的传统方式为电热压焊器热熔焊接工艺或吊带挂设工艺。电热压焊器热熔焊受防水板、热熔垫片熔点影响较大,作业人员难以把握热熔时间和压焊力度,焊焦、焊穿、焊接不牢固成为常见的质量通病。

超声波焊接具有不需要焊剂和外部加热,对焊件破坏小、焊接时间短、焊接强度高和残余变形小等诸多优点。其工作原理为:当超声波作用于热塑性的塑料接触面时,会产生每秒几万次的高频振动机械能量,这种达到一定振幅的高频振动,通过上焊件把超声能量传送到焊区,由于焊区即两个焊接的交界面处声阻大,因此会产生局部摩擦高温,又由于塑料导热性差,热量不能及时散发而聚集在焊区,致使两个塑料的接触面迅速融化,加上一定压力后,使其融合成一体。当超声波停止作用后,让压力持续几秒钟,使其凝固成形,这样就形成一个坚固的分子链,达到焊接的目的,焊接强度可接近于原材料强度。

通过现场工艺试验选取不同的振幅、焊接时间和冷却时间,即可达到每个垫圈中的每个焊点均能焊接牢固的目的,不仅提高防水板施工质量和施工效率、大幅降低施工成本,而且对施工人员的技能要求较低。大万山隧道防水板铺设统一采用超声波焊接机,对防水板与基层热熔垫圈进行热熔固定。红外线激光定位配合超声波焊接机共同作用,达到防水板定位质量稳定的目的,确保防水板每个面积的焊接强度均相同,不至于在二次衬砌混凝土浇筑过程中因混凝土的撕扯造成防水板脱落,极大程度保证了防水板的施工质量。防水板定位如图 4-4b)所示。

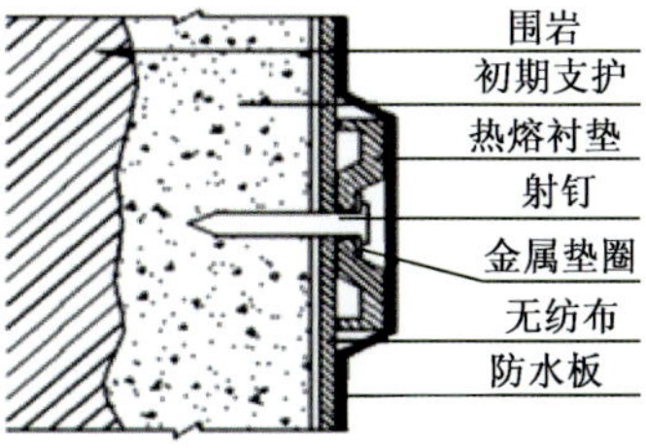

a)防水板加无纺布铺设示意图

b)防水板定位

图 4-4 防水板加无纺布铺设及防水板定位

4.1.5 防水板搭接焊接

防水板搭接是隧道防水层是否产生渗漏水的第二个控制要点，也是最关键的控制工序。因此，所选择使用的防水板必须考虑到目前的国内搭接技术水平及施工单位自身的实际技术能力。目前，国内防水板的搭接主要还是胶黏剂冷黏和热合焊接两种连接工艺，但在一些工程中也在使用自黏类防水板。从对现场的实际检测情况来看，防水板之间的搭接应优先考虑热合焊接技术或防水板的自粘技术。防水板搭接缝焊接工艺主要有单缝焊接工艺和双焊缝焊接工艺。大万山隧道防水板接缝焊接采用自动双缝热熔焊机，具体要求如下：

(1)防水板间采用自动双缝热熔焊机焊接，单条焊缝的有效焊缝宽度不小于15mm，焊接后两条缝间留一条空气道，用于检测焊接质量，防水板搭接宽度大于10cm。

(2)防水板搭接焊接质量采用充气法检测，将5号注射针与压力表相接，然后充气，当压力表达到规定压力(一般为0.25MPa)时停止充气，保持10min以上，若压力下降在10%以内，说明焊缝合格；如压力下降过快，说明焊缝不严，此时须用检测液(如肥皂水)找出漏气部位，用手动热熔器焊接修补后再次检测，直到完全黏合。

(3)下部防水板压上部防水板，低处防水板压高处防水板，铺设松紧适当并留有余量，实铺长度与初期支护基面弧长比值为10∶8，确保混凝土浇筑后防水板表面与初期支护密贴。

(4)防水板纵向搭接与环向搭接处采用丁字形接头，除按正常施工外，应覆盖一层同类材料的防水板，用热熔焊接法焊接(图4-5)。

4.1.6 改进锁脚锚杆施工工艺

锁脚锚杆因其简单易行、经济实用及效果显著，已广泛应用于软岩隧道的沉降变形控制。锁脚锚杆的基本原理是通过钻孔，将锚杆压入地层中，借助注浆泵的压力，使浆液通过锚杆渗入、扩散到岩层孔隙或裂隙中，以改善岩体物理-力学性能，有效限制岩层松弛变形，从而达到了提高开挖面岩层自稳能力和延长岩层自稳的目的。在隧道开挖过程中，锁脚锚杆须与钢拱架焊接在一起，共同承受围岩压力。

a)

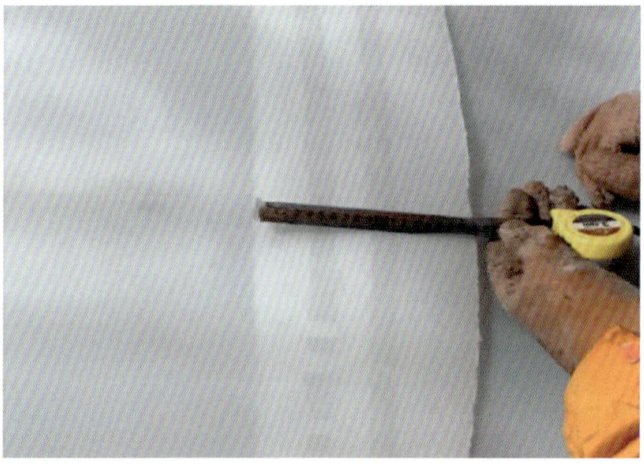

b)

图 4-5　防水板搭接采用自动双缝热熔焊机焊接

大万山隧道改进了传统锁脚锚杆施工工艺（图 4-6）。由于锚管与钢架接触面积过小，焊接有效面积小，施工时钢架与锚杆之间连接采用 U 形钢筋焊接（直径 22mm 螺纹钢），增大有效焊接面积。钢筋与锚杆焊接采用单面焊，焊接长度不小于 22cm，与型钢焊接长度为型钢截面宽度。锁脚施工部位为拱脚连接板以上 50cm，角度 30°斜向下。

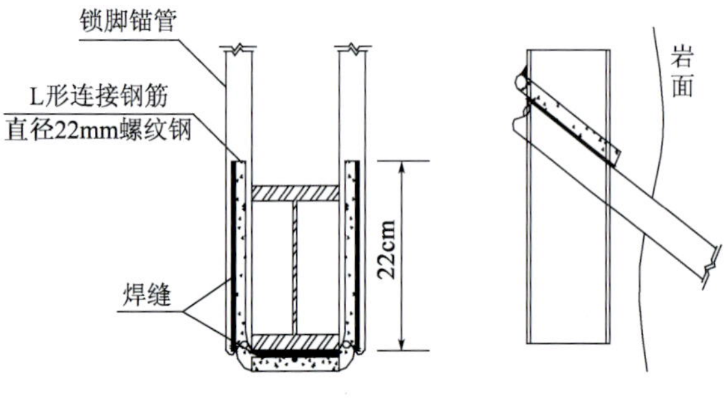

a)

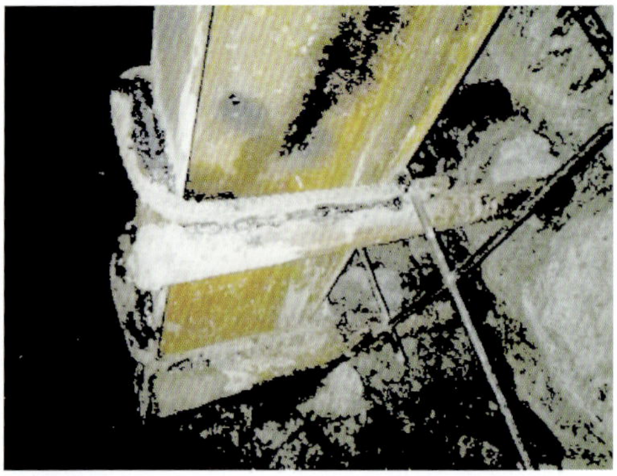

b)

图 4-6　改进锁脚锚杆

4.1.7　“五线上墙”施工工艺

为确保仰拱施工质量，大万山隧道采用“五线上墙”工艺（图 4-7）。“五线”是指仰拱上层钢筋线、仰拱下层钢筋线、纵向盲管线、环向盲管线和仰拱混凝土顶面线，施工前由测量组进行放样，并用红线明显标记，应在仰拱初期支护完成且仰拱钢筋绑扎前进行。

仰拱采用“五线上墙”进行控制，为隧道精细化施工提供了保证。通过“五线上墙”工艺，加强隧道仰拱施工质量，保证施工进度，减小材料消耗，有效控制施工成本和劳动成本。

图 4-7　隧道仰拱施工“五线上墙”

4.1.8　钢筋限位卡具

在隧道洞身开挖、初期支护和防水系统完成之后，安装二次衬砌钢筋，再用衬砌台车浇筑。隧道二次衬砌钢筋间距是隧道质量控制中的重点和难点，采取简单、实用、经济的方法对其进行有效控制，一直是工程建设者们追求的目标。二次衬砌钢筋安装空间狭小，目前隧道二次衬砌钢筋安装一般为人工逐根安装形成骨架，再用临时支撑固定钢筋位置，效率低，钢筋难以精确定位，在双排二次衬砌钢筋施工中，双排钢筋排距很难得到有效控制。可能由于钢筋定位偏差影响二次衬砌结构受力。

大万山隧道在钢筋安装时使用钢筋限位卡具，既能使钢筋间距均匀、符合要求，保证钢筋在加工及施工中不变形、跑位，又能够有效控制钢筋间距及排距，在工程施工中体现出显著优势，并取得较好的效果。

钢筋卡可使用角钢刻槽加工，相邻槽中心间距为设计钢筋间距，或者采用钢管焊接钢筋的方式。钢筋间距固定好，先点焊固定钢筋，再取出钢筋卡，钢筋卡长度一般取6m，也可根据施工方便设置长度。此外还设置钢筋保护层混凝土垫块，规格尺寸（长×宽×高）为50mm×40mm×35mm。

钢筋限位卡具（图4-8）具有以下优点：

图 4-8　钢筋限位卡具

（1）制作简单，适应性强。简单来说，二次衬砌钢筋间距控制排架采用强度和刚度较好的角钢，并在角钢边加工槽口，利用槽口固定钢筋位置，有效控制钢筋间距，在双排钢筋中则采用两排角钢控制钢筋间距，确保钢筋成型，间距满足设计及规范要求。

（2）成本低、便于操作、节约劳动力。二次衬砌钢筋间距控制排架选用强度、刚度较好的角钢，能够保证排架构件的重复使用；采用角钢加工制作简单、成本较低，便于在工地现场加工制作；构件轻巧，易于人工安装，可节约劳动力。

4.1.9 橡胶止水带连接

橡胶止水带具有良好的弹性、耐磨性、耐老化性和抗撕裂性能，适应变形能力强，可有效防止施工缝的渗漏水，目前在隧道工程施工缝防水、防渗中普遍使用。施工中由于衬砌长度等结构尺寸和形式不同，橡胶止水带又都有一定的长度规格，现场使用时，不可避免地会出现止水带接头情况。以往止水带接头通常采用冷粘法，传统的冷粘法是将橡胶止水带两个接头处的胶梗削平，然后进行打毛处理，完毕后涂一层胶粘剂，为了增强效果，待其晾干后再涂一层，然后将两个接头放置在预定位置进行胶粘，并进行加压，最后浇筑混凝土。从以往经验来看，冷粘法效果不理想，接头处往往耐久性比较差，接头塑性差、强度低，使用寿命较短，经常出现开裂，甚至导致后期衬砌施工缝处渗水。

大万山隧道橡胶止水带连接采用热熔焊机进行热熔焊接，保证了橡胶止水带连接规范，起到防水效果。其显著优点是焊接时间短、效率高、自动化程度高、方便快捷。仰拱顶面纵向止水带需提前计算止水带下料长度，止水带下料长度超过仰拱端头应不小于1m，以便于与下一循环止水带焊接操作。需连接衬砌环向止水带时，提前计算一环长度，在地面上焊接完成后再进行止水带安装，相关安装过程如图4-9～图4-12所示，具体流程如下：

（1）准备工作。

（2）止水带接头切割整齐，利用打磨机对端头进行打磨，宽度不小于10cm。

（3）将止水带专用焊接条平铺在止水带上。

（4）合上热熔机，拧紧螺栓，接通电源，加热8min、保温10min、冷却10min，然后关闭电源，焊接结束。

图4-9　热熔焊机

图4-10　止水带端头打磨

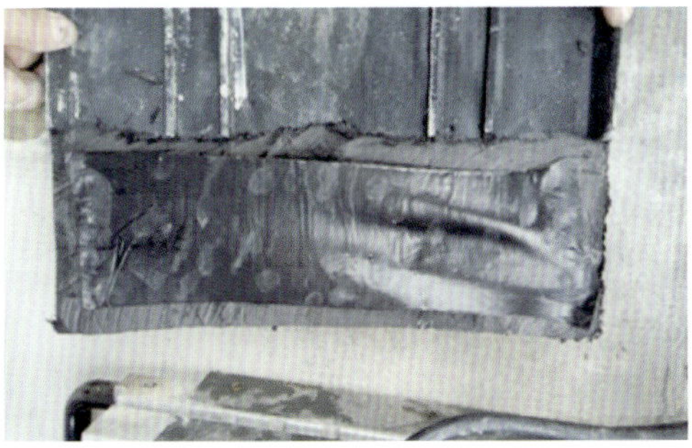

图 4-11 专用焊接条

图 4-12 热熔焊接

(5)焊接完的止水带,外观检查是否有未焊接牢固处,若无焊接质量问题,方可进入下道工序。

(6)环向与纵向止水带连接处采用胶粘连接。

4.1.10 纵向止水带安装及固定工艺

施工缝为混凝土浇筑形成的缝隙,这是不可避免的,其抗水能力比变形缝强。隧道纵向施工缝一般采用中埋止水带 + 防水涂层材料,或应用遇水膨胀橡胶止水胶条作为防水措施。从工程实际中可知,隧道施工缝处理中,纵向施工缝中埋止水带施工难度较小,且防水效果较理想,渗漏水常发生在隧道的环向施工缝和变形缝处,而纵向施工缝渗漏水的发生频率远远小于环向施工缝。这是由两方面原因导致的:一方面,隧道纵向施工缝不像环向施工缝那样需要端头模板,因此不存在漏浆的问题,且止水带施工较为简单,不需要止水带弯折又重新取直的过程,止水带平直度较好;另一方面,在重力作用下,二次衬砌混凝土与仰拱混凝土施工缝处结合极好,二次衬砌浇混凝土筑时,混凝土首先堆积到纵向施工缝处,因此施工缝处的密实度很容易得到保证。

虽然纵向施工缝止水带的密实度很容易得到保证,但是这并不代表纵向施工缝处防水是可靠的。从防水防线上讲,公路隧道常采用半包防水,纵向排水管布置在施工缝以上,土工布反包纵向排水管,防水板正包纵向排水管,由于纵向施工缝处没有防水板包裹,因此施工缝处缺少防水板这道防线,从初期支护渗出的水可以直接汇集到纵向施工缝处,随着外侧水压的逐步增大进而造成渗漏。因此,纵向施工缝止水带的施工质量对隧道防水非常重要,通过分析可知,橡胶止水带柔性大,止水带不够顺直,提升止水带的平直度,有利于提高整个隧道防水工程的可靠性和施工质量。

大万山隧道施工时将纵向止水带安装所需的设备焊接在仰拱台车腹模上,可调钢管保证止水带位于仰拱设计厚度的一半位置,竖管加工尺寸控制止水带外露和埋入尺寸,使其满足要求,使用拉紧器固定拉紧保证止水带的顺直。纵向止水带固定、止水带拉紧分别如图 4-13、图 4-14 所示。

图 4-13　纵向止水带固定

图 4-14　止水带拉紧

4.2 隧道施工新材料的应用

4.2.1　露石水泥混凝土路面

1) 露石水泥混凝土原理

露石水泥混凝土路面(EACCP):在面层水泥混凝土混合料铺筑完成后,喷洒露石剂对混凝土表面进行化学处理,延缓表面 2 ~ 3mm 厚水泥砂浆的凝结,但不影响主体混凝土的正常凝结硬化,当主体混凝土达到一定强度后,刷洗其表面进行表面除浆,露出 2mm 左右高度、均匀分布的粗集料表面,形成丰富的路面表面构造,从而为隧道路面在潮湿、涌水、油污污染、汽车尾气等复杂条件因素下仍提供持久的抗滑性、降噪性、微排水、防炫目等路用特性。

在隧道路面工程中,选择露石水泥混凝土路面进行铺筑,与现有的以水泥混凝土材料为主的普通水泥混凝土隧道路面和以沥青材料为主的沥青混凝土隧道路面相比,发挥了其自身的优点,有助于隧道路面的路用性能和行车安全性能的提高。隧道中普通水泥混凝土路面的抗滑性能在 2 ~ 3 年内开始急剧下降,特别是在多雨季节,路面积水较多,车辆很容易发生交通事故。而隧道沥青路面虽然抗滑衰减较慢,路用性能较好,但是,一旦发生交通事故导致火灾,其路面本身沥青的燃烧也会造成烟雾次生伤害,道路安全性问题突出。而露石水泥混凝土路面具有良好的路用性能,其行车安全性与其他两种路面相比也有较大的提高。

露石水泥混凝土路面除保持普通混凝土路面强度高、使用寿命长、养护费用低等特点外,还具有以下 4 个优异性能:一是大大提高路面的抗滑性能,且抗滑能力的持久性也比一般经抗滑处理的水泥混凝土路面强,不易被磨损;二是路面集料的外露产生不均匀构造,可有效减小滚动噪声,明显降低交通噪声;三是路面的粗糙表面对强光形成漫反射,可消除或减缓耀眼光线对驾驶员、行人的干扰,排除反光、炫目现象,提高行车安全性;四是路面的外露集料形成粗糙的微观、宏观构造,使其表面具有良好的排水性能。路面的构造深度比其他路面大,表面存在发达、丰富的凹凸不平构造,雨水能借助路拱作用从沟槽纹理中迅速排出,提高排水性能。

2)露石水泥混凝土路面施工工艺及施工流程

露石水泥混凝土路面施工工艺与传统的水泥混凝土路面施工工艺基本相同,不同的是将以往施工过程中的拉毛、刻槽工序改为露石工艺。但露石水泥混凝土与传统的水泥混凝土相比,其原材料(水泥、粗集料、细集料)要求、配合比设计、施工工艺都有所不同。

露石水泥混凝土路面采用双层湿接滑模施工,传统施工混凝土路面过程是在基层上装好模板,用人工和辅助机具振捣、抹光、压纹、切缝。而滑模施工混凝土路面则是利用一套自动化程度很高的机械,自动完成路面的摊铺作业,滑模式摊铺机的特点是不需轨模,采用由4个液压缸支撑腿控制的履带行走机构行走。整个摊铺机的机架支撑在4个液压缸上,在摊铺机的两侧设置随机移动的固定滑模板,因此不需加设轨模。这种摊铺机一次就可以完成摊铺、捣实、整平等多道工序。

其施工流程:露石水泥混凝土路面施工机械校验(拌和设备校验拌和、摊铺设备校验)→调平层质量检查验收→测量放线→滑模机调整→混凝土拌和→运输→低层混凝土浇筑→布设传力杆→面层混凝土摊铺、振捣、整平→拉杆插入→人工修整→光面→喷洒露石剂→覆膜→水冲洗(或清扫)→切缝及冲洗→喷洒抗剥落剂→覆盖土工布→保温保湿养护。

(1)现场检查。做好施工现场控制测量;做好"三通一平",做好交通疏导、围挡、地下管线的迁移及保护工作;修建临时施工设施;做好材料储存和堆放以及疏通供应渠道的工作。

(2)设备校验。起动滑模摊铺机,选好工作速度,使滑模摊铺机通过传感器按照引导线传给它的信号自动向前行驶。

(3)放线。在验收合格的道路基层上,根据设计图纸放出中心线及道路边线(路缘石线)并钉桩,测定高程。测量精度应满足相应规范要求。按设计规定划分路面板块,混凝土路面层板块分块线距检查井盖的边缘距离应大于1m,在现场核对施工图纸的混凝土分块线。

(4)滑模机调整。通过控制机械上下移动,调整摊铺层厚度。

(5)混凝土拌和。露石水泥混凝土路面施工工序较为复杂,分底层、面层两层结构,混凝土配合比也是不同的,共同点是均为低坍落度混凝土,底层混凝土原材料与普通混凝土无差别,主要是外加剂的用料和类型不一致;面层混凝土采用玄武岩(9.5~13.2mm)、中砂偏细等原材料拌和而成,搅拌时间为90s。

(6)运输。用专用运输车辆将水泥混凝土均匀、不间断地倾倒在已做好施工准备的基层上。

(7)浇筑。混凝土通过均匀布料、捣实、提浆、压传力杆、抹平等工序,滑模摊铺机通过以后,水泥混凝土路面即摊铺完成。

(8)露石剂的喷洒。露石剂喷洒工序并不是立刻进行的,而是要间歇一段时间,从抹面后到开始喷洒露石剂所等待的时间就是喷洒时间。原则上,喷洒时间是从水泥混凝土抹面后开始到混凝土表面水膜消失时所经历的时间,喷洒完成后立即用塑料膜覆盖。

水泥混凝土在振捣抹面收光后,表层会出现一层水膜,由于这层水膜的存在,在喷洒露石剂时会影响露石剂在混凝土表面的附着，有时还会产生露石剂流淌现象，从而影响露石剂渗透的深度和均匀性。一方面，为达到良好的露石效果，应力求均匀喷液，就要使露石剂在一定压力作用下以雾化状态喷出，而在有表面水的情况下，由于路面不可能绝对平，所以表面的水膜也不均匀，因此，这层水膜的存在会影响露石的均匀性；另一方面，在水膜未消失时喷洒露石剂，混凝土表面水对露石剂的稀释作用使液体总量增加，从而增加溶液的渗透深度，这样也会影响露石效果。

但露石剂的喷洒也不能太晚，在有水膜的情况下，宜等待表面游离水挥发后再喷洒露石剂。露石剂喷洒绝不能太晚，如果喷洒露石剂与抹面之间间隔时间太长，混凝土已接近初凝状态，混凝土表面凝结硬化会阻止露石剂的渗透，达不到预定的渗透深度，轻则导致混凝土表面露石达不到要求深度，重则造成混凝土表面根本露不出石料。

环境气温、温度、风速是影响喷洒时间的重要因素。气温为25℃时，推荐喷洒时间为40～60min，但具体情况需要结合当天的施工条件和外界环境综合考虑。

液态露石剂是由多种成分和水形成的一种乳液。为了确保喷洒均匀，必须将露石剂雾化。露石剂的喷洒可由喷洒车或人工完成，无论采用哪种方式喷洒，原则上，要使露石剂物化后，均匀喷洒在新铺筑的混凝土表面上，且在混凝土表面上不产生流淌。人工喷洒露石剂推荐使用高压水枪进行雾化，这种设备雾化效果好，速度快，可操作性强，实践证明这是目前最理想的人工雾化设备。

露石剂的喷洒量可控制在$300g/m^2 \pm 15g/m^2$。为了确保露石剂能均匀覆盖在混凝土表面，在大面积喷洒前，应在试验段对喷洒剂量进行标定，标定方法如下：计算$20m^2$露石剂用量，确保露石剂在此面积范围内均匀喷洒完。

喷洒露石剂后，由于环境温度及刮风，易使混凝土表面水分和露石剂成分挥发，影响露石剂的正常化学作用，从而导致随后的刷洗工艺难以实施。为此，需在喷洒露石剂后采用塑料薄膜覆盖。

覆盖薄膜养护应注意以下事项：

①喷洒露石剂后5～10min，即应覆盖塑料膜。如气温高、风大，则喷洒后立即覆盖塑料薄膜。

②必须使所有的混凝土表面均被塑料膜覆盖，不得有裸露的表面。

③不得在撒布了露石剂的混凝土表面上拖、拉塑料膜，以免破坏露石剂在混凝土表面上分布的均匀性。

④覆盖塑料膜后，要在塑料膜的边、角处用木块或其他物体压严实，以免塑料膜张开进风。

覆盖塑料膜时推荐采用横向滚动覆膜，这种覆膜方式所采用的薄膜厚度较薄，在滚动过程中膜与混凝土表面粘在一起，达到封闭养护的目的；同时减轻自重，以防滚动过程中在混凝土表面产生压痕。

(9)冲洗。采用先清扫后水洗，喷洒露石剂并进行养护后，达到面层适宜的冲洗时间，即要除去混凝土表面的砂浆，把集料露出来。在清扫前首先进行局部试清扫，确保清扫深度不大于3.0mm，即最佳露石高度不大于2.5mm，且冲洗表面砂浆后，下层砂浆是硬化的，用手指甲类尖状物不易划起。刷洗时间可用划痕试验法或试冲法确定。

(10)切缝。应在混凝土表面清洗过后立即进行切缝,以混凝土不崩边为最佳切缝时机,深度为混凝土板厚度的1/3。

(11)喷洒抗剥落剂及混凝土路面养护。切缝后应立即进行混凝土抗剥落剂的喷洒,喷洒抗剥落剂后即可覆盖养护,因隧道施工环境较为温润,可以覆盖土工布或草帘进行保温保湿养护。采用覆盖保湿养护膜、塑料薄膜养护时,应在混凝土表面不见浮水,手指压无痕迹时进行。养护期间应保持膜的完整,如有破裂,应立即补盖;薄膜厚度应适度,宽度大于覆盖面约60cm。两条薄膜对接时,重叠厚度小于40cm。在14d养护期间严禁车辆在上面通过。

3)露石水泥混凝土路面控制要点

(1)原材料性能指标。

①水泥。

建议采用低热硅酸盐水泥,其中硅酸三钙(C_3S)18% ~30%、硅酸二钙(C_2S)46% ~58%、铝酸三钙(C_3A)<7%、铁铝酸四钙(C_4AF)12%,低热水泥具有耐久性能好、后期强度高的特点,大量试验研究表明低热硅酸盐水泥的吸水率小、屈服黏度低,有助于低坍落度混凝土的体积稳定性、耐久性。当地没有低热硅酸盐水泥时也可采用普通硅酸盐水泥、道路硅酸盐水泥,强度、碱含量、游离氧化钙氧化镁、三氧化硫等有害物质含量等符合《公路水泥混凝土路面施工技术细则》(JTG/T F30—2014)中对水泥的指标要求。

②砂。

细集料应质地坚硬、耐久、洁净,符合规定级配,泥土、硫化物和硫酸盐及有机物的含量应满足《公路水泥混凝土路面设计规范》(JTG D40—2011)对细集料的技术要求。对于露石水泥混凝土路面施工,砂的级配比普通混凝土路面有更高的要求。一方面因为混凝土振捣时,较小粒径的颗粒易上浮到表面,对于粒径大于2.5mm且小于5mm的颗粒,既不易在刷洗时随表面砂浆刷洗走,又与混凝土黏结力不强,在冲洗和使用时极易出现剥落;另一方面砂中大粒径颗粒一般风化严重,强度较低,极易磨损,从而影响混凝土表面效果。为此,一般要求砂的级配范围见表4-1。

细集料的级配要求　　表4-1

方孔筛尺寸(mm)	4.75	2.36	1.18	0.60	0.30	0.15	0.075
	通过各孔筛的质量百分率(%)						
中砂	90~100	75~100	50~90	30~60	8~30	0~10	0~5

大万山隧道采用河砂,最大粒径小于2.36mm。砂的粒径选择考虑到提供微观构造砂浆表面的耐磨性与耐久性。经过大量的试验证明,微观构造的体现主要依靠河砂细小颗粒与轮胎之间的摩擦阻力,在接触面增大的同时,抗滑性也是同步增加的。砂宜选用中砂偏细,如图4-15中2区红线表示。在粒径选择上,颗粒大于2.36mm的砂容易脱落,对露石水泥混凝土路面表层的耐久性造成不利影响,建议去除砂中粒径大于2.36mm的颗粒。

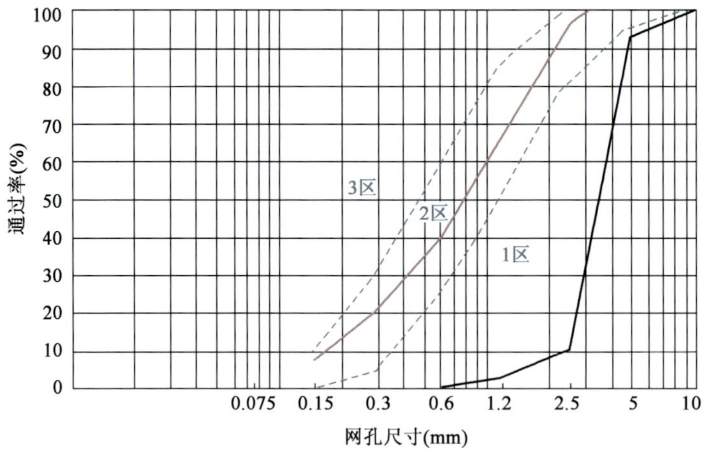

图 4-15　露石水泥混凝土路面用砂级配区间

③碎石。

露石水泥混凝土路面用碎石技术性能要求比普通混凝土路面高，碎石不得有碱活性反应或疑似碱活性反应，碎石最大粒径≤20mm，粒径范围 9.5～13.2mm。露石水泥混凝土路面用碎石技术指标要求见表 4-2，未涉及的技术指标见《公路水泥混凝土路面施工技术细则》(JTG/T F30—2014)。

露石水泥混凝土路面用碎石技术指标要求　　表 4-2

序号	项　目	推荐指标	序号	项　目	推荐指标
1	石料磨光值(PSV)	≥35	5	针片状颗粒含量(%)	≤5
2	压碎值(%)	≤18	6	不规则颗粒含量(%)	≤10
3	磨耗值(%)	≤28	7	含泥量(%)	≤0.5
4	冲击值(%)	≤25	8	表观密度(kg/m^3)	≥2700

④外加剂。

技术指标应满足《公路水泥混凝土路面施工技术细则》(JTG/T F30—2014)中引气缓凝高效减水剂要求。

⑤露石剂。

露石剂是专用于露石水泥混凝土施工的主要材料，可有效使新铺筑水泥混凝土路面表面水泥砂浆缓凝，但不影响内部早期强度形成，大万山隧道采用 Hs-Ⅱ液态露石剂。Hs-Ⅱ液态露石剂是由多种成分和水形成的一种无腐蚀性的乳液，在温度为 1～30℃时，该露石剂保存期为半年，其技术性能指标见表 4-3。

Hs-Ⅱ液态露石剂技术性能指标　　表 4-3

固体含量(%)	细度(μm)	黏度(s)	密度(g/cm^3)	pH 值	颜　色	容器中存放状态
12	<70	35～50	>1	8	淡蓝	经搅拌无结块沉淀

露石剂的黏度对温度有一定的敏感性，随着温度的变化其黏度也会发生变化，温度越低，黏度越大。在喷洒露石剂时要求将其黏度调到 33～40s 之间，这样的喷洒雾化效果最

好。露石剂的喷洒工作既可采用喷洒车来完成,也可采用人工喷洒。无论采用何种喷洒方式,原则上要使露石剂雾化后,均匀喷洒在新铺混凝土表面上,且在混凝土表面上不产生流淌,要求路表面露石剂的喷洒量控制在 $300g/m^2 \pm 15g/m^2$。露石剂在使用前首先检查露石剂的储量是否满足工程所需;其次检查露石剂的性能指标,保证露石剂的固体含量、细度、黏度等指标符合规定要求,经搅拌后颜色均匀、无结块、无沉淀。

(2)露石水泥混凝土配合比设计、评价方法及要求。

①设计方法及强度指标。

按照正交试验法进行配合比设计,影响强度的因素有水泥用量、水灰比、胶凝材料规格型号及掺量、碎石和砂性能参数、砂率、外加剂的性能参数等。设计弯拉强度 5.0MPa,计算方法参见《公路水泥混凝土路面施工技术细则》(JTG/T F30—2014)。

②工作性。

露石水泥混凝土工作性能与施工工艺相匹配,混凝土要求出机混凝土坍落度 50 ~ 60mm,1h 后坍落度仍保证在 30 ~ 50mm 之间。主要考虑坍落度超过 50mm 后容易出现流态,尤其在超高段出现一端堆积致使混凝土高程超限,损害路面平整度,容易诱发塑性裂缝等问题。

③振动黏度系数。

混凝土的振动黏度系数参考滑模机行走速度、摊铺厚度及振捣频率。行走速度宜控制在 1 ~ 1.5/min,此时振捣棒对混凝土有效的振动时间为 30s,即混凝土液化时间最多不超过 30s。此时的混凝土振动黏度系数 100 ~ 400$N \cdot s/m^2$[振动黏度系数评定见《公路水泥混凝土路面施工技术细则》(JTG/T F30—2014)附录 A]。

④路用性能控制指标。

隧道露石水泥混凝土路面抗滑性能一直是行车安全的重要保障参数,近些年公路水泥混凝土路面的抗滑性能衰减是行车安全的重大隐患,提出控制路面抗滑耐磨性能的控制指标是非常必要的。主要有两个控制指标(耐磨性能和粗糙度指标)保证抗滑性能。面层混凝土的构造深度 0.8 ~ 1.2mm,露石深度 1.5 ~ 2.6mm,露石处理前的表面砂浆层厚度不宜超过 4mm。

(3)喷洒露石剂。

环境气温、湿度、风速是影响喷洒时间的重要因素。气温为 25℃时,推荐的喷洒时间为 40 ~ 60min。具体情况需要结合当天的施工条件和外界环境经试验确定。

露石剂的喷洒量控制在 $300g/m^2 \pm 15g/m^2$。在大面积喷洒前,应选取试验段对喷洒剂量进行确定。喷洒时要使露石剂先雾化,均匀喷洒在新铺筑的混凝土表面上,且不产生流淌。喷洒露石剂后 5 ~ 10min,即覆盖塑料膜,不得裸露。

(4)刷洗时间。

刷洗时间应通过现场试验段试验确定。

①根据刷洗方式确定刷洗时间。一是划痕试验法,一般情况下,混凝土表面在未完全硬结时,尖状物划上去会产生一定深度的刻痕。二是试冲法,是在室内试验和室外施工中,用水直接小面积冲洗水泥混凝土表面,直观确定是否达到合适的刷洗时间。

②根据测量露石深度确定刷洗时间。露石深度是指集料外露高度,用来评价刷洗质量。

露石水泥混凝土路面如图 4-16 所示。

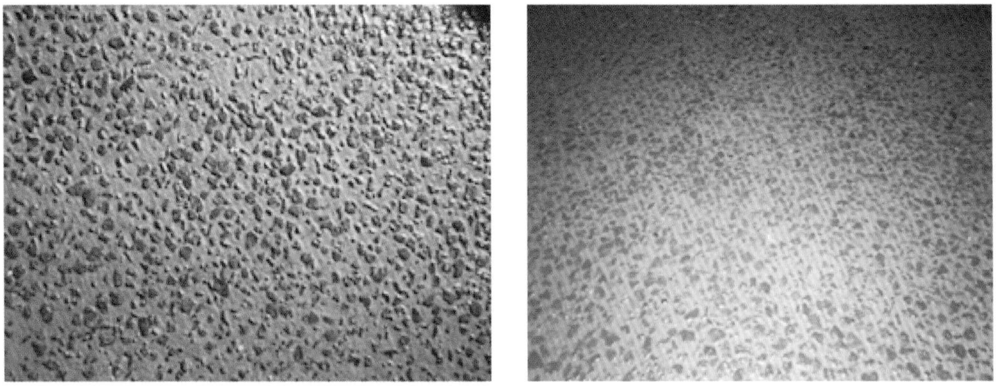

a)　　　　b)

图 4-16　露石水泥混凝土路面

4.2.2　活性粉末混凝土电缆槽盖板

目前,在公路隧道建设中,隧道洞内两侧电缆槽盖板多采用传统的 C30 钢筋混凝土预制而成,从结构性能方面考虑,主要可分为行人盖板和行车盖板两类。为保证电缆槽盖板的使用,隧道内电缆沟槽盖板需具有一定的强度和承载力,强度和承载力需满足在隧道内偶然荷载和可变荷载条件下不被破坏的要求。总结长期以来公路项目的建设经验,钢筋混凝土盖板主要存在以下缺点:

(1)体积和重量均较大,盖板预制施工极不方便。目前,隧道内两侧电缆槽盖板通常长为 70 ~ 80cm,宽为 50cm,厚约 10cm,自身质量达到 100 ~ 120kg,一般需要两人才能抬起,且搬运、施工困难。

(2)外观缺乏美感,脆性大,易破损并且难修复,后期维护成本高。施工人员将隧道电缆槽盖板拉到现场后,主要利用钢钎、铁棍等物进行撬动、安装,在安装过程中极易损坏,而且损坏后不易修复;同时,混凝土盖板表面不同程度存在蜂窝麻面、色度不均匀、细微裂缝、表面不光洁等问题,缺乏美感,整体寿命较短,后期维护成本较高。

随着新材料和新工艺的不断发展和完善,电缆沟槽盖板需要满足更高性能的要求。活性粉末混凝土(Reactive Powder Concrete,RPC)是根据最大密实性原理,剔除粗集料,采用最大粒径为 630μm 的细砂为集料,再添加水泥、磨细石英粉、硅灰、钢纤维及高效减水剂等原材制成的水泥基复合材料。它具有超高强度、高韧性、高耐久性和高体积稳定性等特点。

RPC 材料克服了高强混凝土(HSC)抗弯拉强度不高,因配筋增强所带来的施工浇筑困难、混凝土的开裂等特点,是含超细颗粒的致密体系(Densified System Containing Ultra-fine Particles,DSP)材料与纤维增强材料复合的高技术混凝土。它在性能和应用效果方面有着显著的特点。一是 RPC 制品力学、耐久性指标优异,抗压极限强度 > 130MPa,抗拉(抗折)极限强度 > 18MPa,弹性模量 48GPa,抗渗性大于 P50,28d 碳化深度为零,600 次快速抗冻融无弹性模量损失和质量损失。二是材料轻质。RPC 密度与普通混凝土基本相同,均为 $2500kg/m^3$

左右。由于其具有的超高强度,同样承载力下,RPC 用量仅为普通混凝土的 1/3 ~ 1/2。三是质量稳定、易于造型、外形美观。RPC 材料采用工厂化生产工艺,其产品质量稳定可靠、外形尺寸规整统一,可根据用户需求制造出多种造型和花纹,提高整体观感。四是使用寿命长、长期效益显著。RPC 属无机非金属材料,无老化问题。结构耐久性可以达到 70 ~ 100 年的使用寿命,使用过程中不需维护,长期经济效益显著。

RPC 电缆槽盖板制作时控制要点如下。一是原材称量。在配制 RPC 材料拌和物时,水泥、复合掺合料称量应准确到 ±1%,集料称量应准确到 ±2%,水、外加剂称量应准确到 ±0.5%。二是投料顺序。首先加入石英砂、钢纤维,干拌不少于 4min,然后加入水泥、矿渣粉、硅粉,干拌 2min,最后加入水、外加剂,搅拌 4min 出料。三是振捣工艺。RPC 制品采用振捣成形工艺。要获得良好的振实效果,使 RPC 材料具有较高的强度和密实度,必须合理选择振捣工艺,振动时间控制在 2 ~ 4min。四是浇筑成形时抹平压光。入模后的拌合物在振动床上边振动边用抹子抹平压光,达到标准要求的平整度,不外露钢纤维,模板周围不外漏拌合物,以避免拆模后盖板周围出现毛边,影响整体美观,省去大量的人工打磨工作。RPC 材料的凝固速率很快,搅拌完毕的 RPC 拌合物应在 30min 内浇筑完毕,构件宜连续浇筑,最大间隔时间应不超过 6min。五是 RPC 制品的养护。RPC 制品的养护分静停、初养和终养,现场施工人员和温控室人员密切监控,把握好不同养护条件制品的转移,严控养护温度。初养室温度控制在 40℃ ±5℃之间,相对湿度≥70%;恒温温度应控制在 40℃ ±5℃,静停及初养总时间控制在 24h 内;终养室的温度控制在 80℃ ±5℃,养护 48h。活性粉末混凝土电缆槽盖板如图 4-17 所示。

图 4-17 活性粉末混凝土电缆槽盖板

4.2.3 隧道内装饰变更为无机涂料

在公路隧道建设过程中,隧道内装饰问题也在逐步引起大家的重视。隧道建设者总结提出了诸多隧道内装饰形式,大大改善了隧道的行车环境,并在节能降耗方面进行了一定的尝试。在此过程中也出现了一些过度装饰问题,不仅增加了隧道建设成本,而且给隧道养护工作带来不便。

隧道内装饰的作用主要有以下几点:美化隧道空间,改善隧道内行车环境;对灯光形成漫反射,提高隧道照明效果;对隧道内壁混凝土进行保护,提高混凝土的耐久性;防火耐热;吸声降噪。隧道内饰的基本要求主要有以下几点:色泽适应人眼,行车舒适;易于机械化养护保洁;成本不宜太高;耐污、抗辐射;耐火、耐潮、耐腐蚀、耐用;便于观察各类病害。

公路山岭隧道内装饰从大的方面可以分为两类,一是以板材作为装饰材料,二是将涂(喷)层作为装饰材料。从装饰美观效果上讲,板材类效果较好,一般在城市隧道中应用较多。山岭公路隧道对美观效果要求没有城市隧道要求高,但从隧道装饰的作用及性价比考虑,应优先选用喷涂类内饰。另外,目前公路隧道日常养护观测主要以技术人员目视观测为主,只有在病害较大时才用仪器进行探测,因此隧道采用板材类装饰后,二次衬砌混凝土表面的病害不能被技术人员及时发现,使得病害不能及时处置而影响隧道健康运营,等到病害反映到装饰表面时,隧道病害已经非常大;喷涂类内饰如果二次衬砌表面有病害时便立即表现出来,有利于养护观察及处理。综合以上因素,在山岭公路隧道中推荐使用喷涂类内饰。

大万山隧道内装饰工程原设计为两侧电缆槽以上3m范围内贴瓷砖,再往上至拱顶之间涂刷防火涂料。项目部在洞口300m范围内进行试验段施工,取消瓷砖和防火涂料,改为整体涂刷无机涂料。隧道内装饰如图4-18所示。

a)

b)

图4-18　隧道内装饰

该方案可以有效避免瓷砖受振动或其他外界因素影响发生脱落,危及隧道交通安全。防火涂料虽然具有一定的耐火性能,但在30MW设防标准的火灾工况下对隧道衬砌结构影响范围有限,并且防火涂料施工质量难以控制,容易剥落,增大了运营安全风险及养护难度。而无机涂料涂刷工艺简单、快捷,多样化的颜色也可以很好引导视线,缓解用户视觉疲劳,保证交通安全。

施工前要先进行基面处理,除油污、除浮尘、清除表面水珠,达到表面洁净。当混凝土表面过于光滑时,可在其表面采取拉毛等措施。隧道二次衬砌基面找平时,用与二次衬砌同等强度等级水泥加高强建筑胶搅拌,把二次衬砌基面损坏的地方找平,再用砂纸打磨平整,在小修小补的情况下可用抹刀抹涂修补。涂层在未完全干时,不能冲水。

4.3 穿越断层破碎带施工方案

隧道在 ZK43 +075 ~ ZK43 +105、K43 +715.75 ~ K43 +745.75 施工时遭遇断层，施工受到断层的影响严重，进行了支护方式及支护参数的变更。

先将全断面开挖法变为三台阶法施工，将洞渣进行反压，以减少拱脚、拱腰受力，将开挖变为弱爆破配合挖掘机进行开挖，超前小导管施工前用 5 ~ 10cm 厚喷射混凝土封闭掌子面，然后施作注浆小导管，形成一定厚度的加固圈后，进行开挖等作业。

超前支护采用直径 42mm、厚度 4mm、长 4.5m 的超前小导管进行注浆加固，超前小导管环向间距为 40cm，共计 33 根，导管张角为 5° ~ 15°，搭接长度不小于 1m，采用水灰比 1:1 的水泥浆进行注浆，注浆压力为 1MPa 时停止注浆；锚杆采用长 3.5m、直径 22mm 锚杆，纵环向间距 60cm(纵) ×100cm(环)，梅花形布置，注浆后挂设钢筋网片；钢筋网片采用直径 8mm、网格间距为15cm ×15cm 的双层钢筋网片；使用 I8 工字钢进行支护，钢架间距为 60cm，连接牢固，焊接饱满，两榀钢架之间采用直径 22mm 连接钢筋进行连接，交错布置；采用双排缩脚锚杆对拱架进行固定，拱脚采用钢板支垫，避免拱架下沉；喷射混凝土厚度为 24cm，严禁脱空。喷射混凝土结束后停工 8h，等形成一定强度后进行开挖。隧道断层带围岩情况如图 4-19 所示。

a)

b)

图 4-19 隧道断层带围岩情况

4.4 隧道施工用电

大万山隧道出口附近村庄有 10kV 高压线路，为农网用电，负荷不能满足现场施工要求，需架设专用线路，以满足现场施工用电。经项目部与吕梁供电局现场查勘，从变电所至隧道出口架设施工专线距离较远，电力输送压降较大，需建设 35kV 变电站，按照永临结合原则，高速公路运营后出口需建设 35kV 变电站，故二者相结合，前期临时用电结合后期运营用电负荷进行建设。在隧道出口设置变电站，架设 10kV 线路通往竖井、斜井及其他用电的地方，在混凝土拌和站、桥梁、隧道等重点工地设有大型发电机组作为备用电源。

35kV 高压电接至隧道洞口,然后向各个工点输送电源,管段施工用电设 17 台变压器,分别如下:

(1)大万山隧道出口施工用电,设置 2 台 1000kV · A 变压器,供隧道出口及南老林沟大桥的施工用电。隧道进洞 1.5km 时高压进洞 2 台 500kV · A 变压器。

(2)大万山隧道斜井施工用电,设置 1 台 2000kV · A 变压器,后期高压进洞 2 台 500kV · A 变压器。

(3)大万山隧道竖井施工用电,设置 3 台变压器,2 台 1000kV · A,1 台 630kV · A。

(4)项目部驻地设置 1 台 315kV · A 变压器,拌和站设置 1 台 500kV · A 变压器,钢筋加工厂设置 1 台 250kV · A 变压器。

(5)因涵洞数量较少,K47 +000 之前均为钢波纹管涵,计划在 K47 +475 加 1 台 150kW 发电机。

(6)大万山隧道竖井、斜井驻地分别各设置 1 台变压器,均为 75kV · A 变压器。

(7)炸药库修建完成后设置 1 台 50kV · A 变压器。

施工时,将 35kV 变电站建在隧道管理站附近,通过 10kV 电缆引至隧道口安装变压器,从变压器引出电缆接入洞口一级配电柜,并通过洞内升压器将高压电传输到掌子面,再通过降压器对高压电进行降压,以满足洞内施工需求。升压器分 A 档、B 档,在隧道 800 ~ 1800m 范围内采用高压联结 A 档。1800 ~ 3000m 范围内采用高压联结 B 档。降压器输出电压根据现场用电情况,选择 410V 或 430V 和移动降压器位置。大万山隧道施工电力布置图如图 4-20 所示。

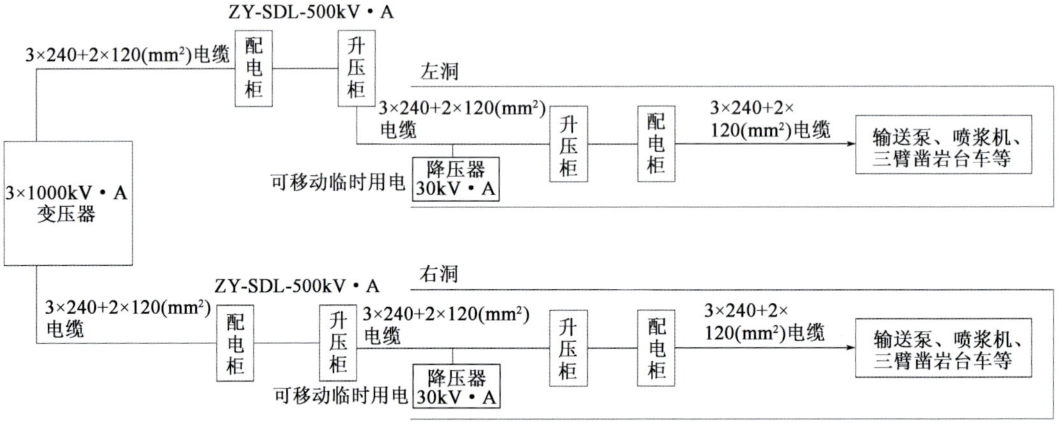

图 4-20　大万山隧道施工电力布置图

4.5 斜井井底施工

1 号斜井位于上明乡庄上村西南侧沟内,斜井洞口位置在正洞 K37 +169.73 右侧 533m 处,斜井井底与右线正洞交叉里程为 K38 +370,夹角 22°14′38″,斜井洞身水平长 1325m,高差 136.85m,斜长 1332.79m,斜井主通道坡度为 -12%,中间设置 6 处缓冲平台(每处长 35m),坡度 -3%。

1 号斜井井底风道交叉段范围为 K0 +000 ~ K0 +071.16,共设送、排风道共计 3 条,其中送风道起始于斜井主通道 K0 +042,与隧道右线交叉位置为 YK38 +410,为隧道主通道送风,纵坡 -1.06%,长度为58.77m;排风道起始于斜井主通道 K0 +042,与隧道右线交叉位置为 YK38 +370,为隧道主通道排风;纵坡坡度 -7%,长度 42m;排烟道起始于斜井主通道 K0 +060,与隧道左线交叉里程为 ZK38 + 348.907,为隧道主通道排烟,纵坡坡度分别为 -3.681%、-6.67%,长度 84.58m,排烟道采用跨越右洞洞顶方案进入左洞。

4.5.1 总体方案

斜井井底总体施工顺序为先施工排风道,其次施工排烟联络风道,最后施工送风道。斜井主通道施工至 K0 +071 处后进入风道交叉段,继续向排风道施工到 K0 +042 处进入排风道,直到 K0 +000 与正洞右线相交处;排风道施工至风道交叉段结束后,开始组织进行排烟联络风道施工;最后组织送风道的施工。在正洞段施工过后进行吊顶送风道施工。

为保证斜井进入正洞后施工不受排水影响,在斜井主通道右侧再布置直径为 200mm 的排水管,通过排烟道进入正洞左线,正洞右线排水利用现有斜井主通道左侧排水沟进行排水,井底在正洞左、右线小里程位置设置排水泵站集水坑,将洞内渗水汇入集水坑后,利用斜井排水系统抽出洞外。

隧道正洞左、右线通风采用独立通风方式,在斜井内设置两道通风管道,分别由排风道及排烟道进入正洞左、右线。斜井示意图如图 4-21 所示。

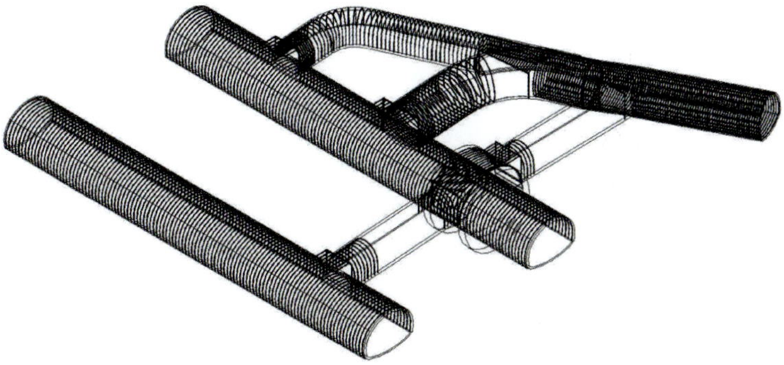

图 4-21　斜井示意图

4.5.2 风道交叉段施工

斜井从 K0 +071 开始进入风道交叉段(图 4-22),按照设计要求采用14 号工字钢拱架支护,间距 1.0m,交叉段施工至 K0 +056 ~ K0 +064 段 8m(排烟道口)范围时岩体表面进行初喷 3cm 厚混凝土,工字钢拱架暂时不进行支护,从 K0 +056 向小里程继续开挖支护 5m 后,重新安排人员对排烟道口及斜井 K0 + 056 ~ K0 + 064 处拱架进行支护，将斜井主通道支护拱架一侧落于排烟道口拱架上，形成完整支撑体系。排风口 K0 + 000 ~ K0 + 005 段 5m 加强段范围与主洞交接处拱架间距按照 0.5m 控制。

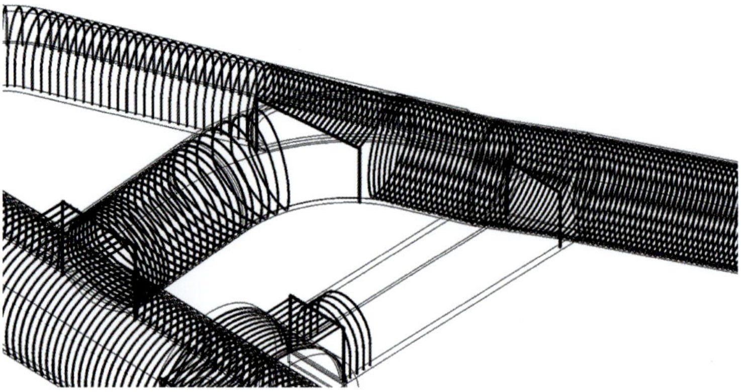

图 4-22　风道交叉段示意图

4.5.3　风道与正洞挑顶施工方案

风道口与正洞交叉处共计 3 处，分别为正洞右线与送风口、正洞右线与排风口交叉处、正洞左线与排烟口交叉处。交叉处风道 5m 范围采用加强支护，即送风道加强段采用 I18 工字钢拱架、间距 0.6m 进行支护，排风道加强段采用 I14 工字钢拱架、间距 1.0m 进行支护；排烟口加强支护范围 8m，排烟口加强段采用 I14 工字钢拱架、间距 1.0m 进行支护。风道口 5m 范围加强支护完成后，开始向垂直正洞方向进行开挖掘进，风道顶高程与隧道正洞顶高程一致，开挖方法采用台阶法进行施工。

开挖过程中严格控制进尺，每循环进尺 1 ~ 1.5m，每次开挖后及时初喷混凝土，上台阶开挖完成一个拱架支护单元后，立即进行拱架支护，拱架一端焊接至风道拱架上，靠近正洞一侧的拱架接头处采用 4 根长 3.5m、直径 42mm 的锁脚锚管固定，并同步做好系统锚杆，注水泥砂浆，采用 U 形卡将锁脚锚杆与钢拱架固定焊接，形成临时支护体系。正洞钢架采用 I14 工字钢支护，沿正洞线路方向 100cm 一榀设置，待第一个单元拱架部位支护工作完成后，再向正洞方向开挖第二个单元，支护方式同上，直至将上台阶开挖支护完成；拱脚采用 4 根长 3.5m、直径 42mm 的锁脚锚管焊接固定。

上台阶施工完成后，先将正洞左侧拱架落底。斜向开挖正洞左侧下台阶至设计高程，接长下台阶拱架，使拱架落到稳定的岩石基础上，形成完整支护体系，最后再从风道处开挖剩余下台阶部分，完成正洞挑顶施工。左线正洞与排烟口施工方案与上述方案相同。

4.5.4　排烟联络通道跨越主洞段施工方案

左线排烟联络风道（图 4-23）从右洞洞顶跨越至左线，该段有上下两层二次衬砌混凝土，按照施工顺序从上到下施工。先按排烟联络通道断面开挖跨过右洞，对跨越部分右线两侧各5m范围进行加强支护，采用I14工字钢拱架，间距1m，两侧加强支护完成后，对扩大断面拱顶进行扩挖至设计轮廓线，在排烟联络通道宽度范围内采用I16工字钢拱架垂直正洞方向进行支护，拱架间距0.8m。支护完成后，在右线拱顶位置，分别向大、小里程各开挖2m，采用I14工字钢拱架支护，拱架间距0.5m，拱架环向设置直径为42mm超前小导管，小导管长度3.5m，确保正洞在该处安全贯通。以上施工任务完成后，再向左线方向继续施工排烟联络风道。

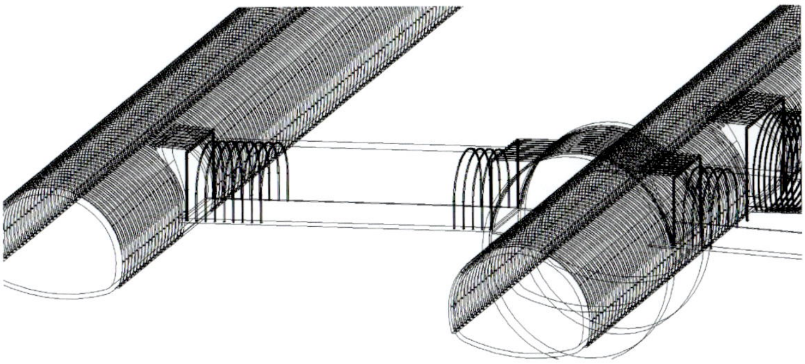

图4-23 排烟联络通道示意图

跨越段上部二次衬砌施工时，先将地面硬化10cm厚混凝土，用工字钢和脚手架进行支撑施工二次衬砌混凝土。下部二次衬砌利用正洞衬砌台车作为内模，漏空部分采用外模加固。跨越段二次衬砌平面图、跨越段二次衬砌施工图分别如图4-24、图4-25所示。

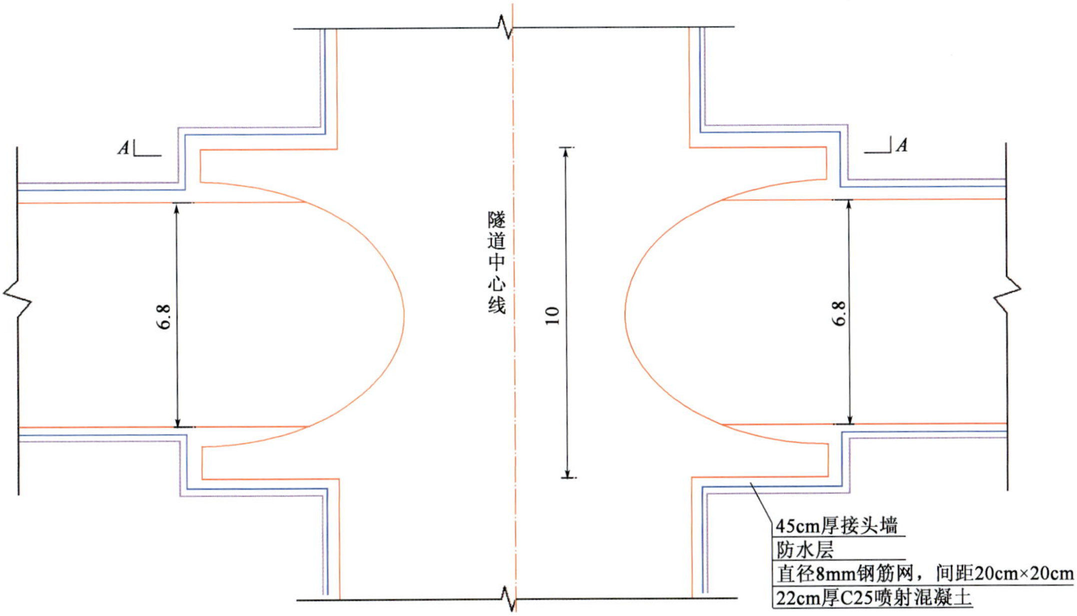

图4-24 跨越段二次衬砌平面图(尺寸单位：m)

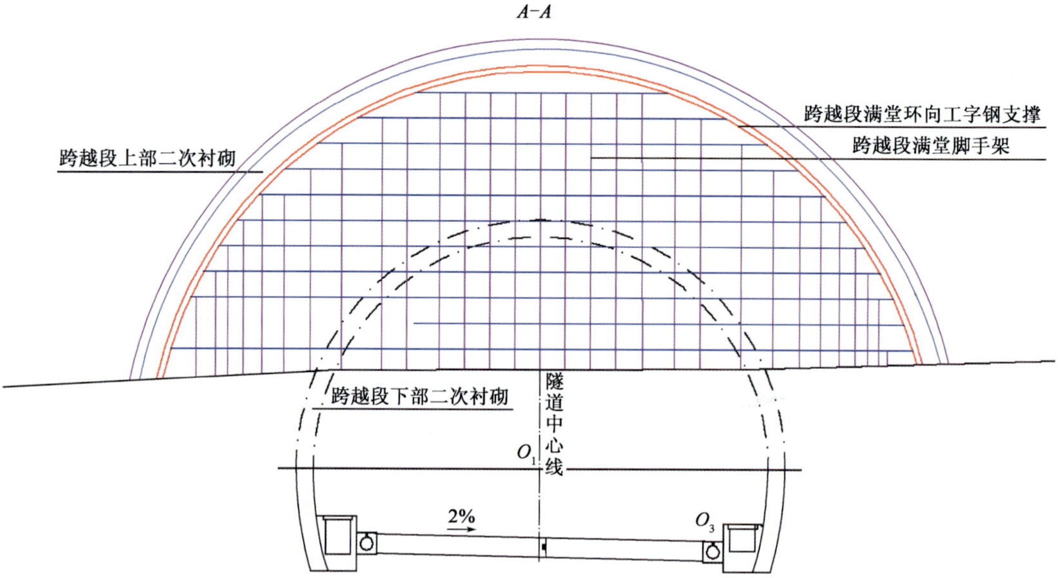

图 4-25　跨越段二次衬砌施工示意图

Chapter 05

第5章

隧道机械化施工技术及应用

5.1 隧道机械化施工技术

目前,我国的隧道机械化技术已有了一定的发展,常见的隧道机械化施工方法分为整体式机械化施工方法与分步式机械化施工方法两种。整体式机械化施工方法即掘进机法(TBM 法),TBM 法采用装配式衬砌,衬砌施工速度快,质量可靠,衬砌可立即承载,隧道施工环境得到很大改善,而且由于装配式衬砌存在各种接头,增加了衬砌的柔性,这在一定程度上也体现了新奥法的理念,但由于 TBM 法对地质条件、断面形状及隧道长度要求苛刻,减少了其应用的范围,适应能力低,与新奥法相比,缺乏优势。分步式机械化施工方法在对新奥法各个工序进行机械化配套改造、继承新奥法优势的同时,一定程度上克服了新奥法的缺点,提高了隧道机械化施工水平。隧道分布式机械化施工具体设施见表 5-1。

隧道分布式机械化施工设施　　表 5-1

新奥法隧道施工步骤	机械化施工设施
超前地质预报作业	全电脑三臂凿岩台车
掌子面超前预加固作业	预切槽机、柱塞式注浆泵
开挖施工作业	三臂凿岩台车、装载机与自卸车
初期支护作业	湿喷机械手、拱架安装台车
仰拱作业	自行式液压带弧模仰拱栈桥
防水作业	多功能挂布钢筋作业台车
二次衬砌及其养护作业	整体式液压模板衬砌台车、自动喷淋养护台车
水沟电缆槽作业	轨行式液压水沟电缆槽台车

大万山隧道左线长 10379m,右线长 10490m,属于特长隧道,施工难度高,工期紧张,因此在新奥法理念的基础上采用分布式机械化施工方法。

5.2 开挖施工作业机械化

三臂凿岩台车是集行走、凿岩和装药等作业于一体的新型设备,如图 5-1 所示。在掌子面钻爆施工中,可进行全断面或台阶法开挖的钻孔、辅助装药、超前地质钻探、超前管棚钻设、超前注浆钻孔、径向锚杆钻设等作业。

三臂凿岩台车特点主要体现在以下四个方面。一是台车采用全液压传动,能效高,进出灵活方便,就位快速,测量、钻眼、装药工序都可以通过相关组件完成,与普通开挖台架相比更为方便、快捷,可大幅提高工作效率。二是超(欠)挖控制严格,台车开挖周边眼时,能够通过调整钻杆来控制周边眼的外插角度,提高钻孔的成孔质量,能严格控制开挖质量,避免由于外插角度过大导致的超挖。用该台车操作,光面爆破效果佳,大大降低了喷射混凝土用量。三是可有效改善洞内作业环境,保证文明施工。台车采用闭式油路系统,噪声小,也没有风钻排出的湿雾状的废气,空气较清晰,掌子面视线较好,场地简洁、整齐。四是用途广泛。台车作业面积大,操作灵活,作业环境适应性强,具备钻装锚杆孔、安装超前小导管,以及特殊地质条件下钻注浆孔、钻超前地质预报钻探孔等功能。

a) b)

图 5-1 三臂凿岩台车

与传统人工钻眼工艺相比,三臂凿岩台车有四个显著优势。一是安全性更好,减少了掌子面工作人数。操作人员在掌子面后端 10m 左右范围便可灵活操作施工,且利用台车找顶比人工效率高。二是劳动力投入更少。在同等条件下,利用台车开挖需 10 人,而人工手持风钻开挖则需 18 ~ 21 人,节省了大量劳动力,降低了劳动强度。三是施工效率高。用台车钻孔有强大的推进力,平均钻速为 2 ~ 2.5min/(孔 · 4m),比人工风动凿岩速度快 58%,另外三臂凿岩台车不需辅助工作平台,节约辅助设备就位时间,加快工序循环,保障施工工期,增收创优。四是文明施工效果好。凿岩台车机组人员劳动强度低,掌子面噪声小,空气较清新,大大促进了掌子面的文明施工。但也有一些需继续改进的地方,例如三臂凿岩台车装药时间更长,传统掌子面装药作业可以 18 个工人同步作业,三臂凿岩台车仅能保证 2 个工作面同步作业;设备维修成本高,钻头、钻杆、连接套、油管等易损件采购成本远高于传统人工钻机,且采购不便。

5.3 初期支护作业机械化

5.3.1 拱架安装台车

拱架安装台车(图 5-2)是一种新型的初期支护设备,由行走底盘、机械臂、工作框、液压系统、操作控制系统等组成。它的工作框与控制装置采用一体化设计,方便工人控制机械臂作业,三个机械臂的工作框,可同时独立焊接作业,焊接工作效率高。主臂机械抓手有重力自适应功能，举升过程中，拱架可根据重力自动调节角度，同时还可旋摆 180°或整体旋转拱架，避免因举升导致拱架变形。机械手夹具采用全尺寸设计，适合各种规格的型钢拱架和格栅拱架。机械臂动作时，三个机械臂上的作业框，能自动保持水平状态；主臂作业框可水平 180°旋转，附臂抓手和作业框可 360°旋转，便于拱架抓举、对接和定位。

a) b)

图 5-2 拱架安装台车

拱架安装台车长 13.8m、宽 2.9m、高 3m，重 45t，履带行走速度 2.8km/h，爬坡能力 12°，柴油机额定功率 145kW，电动机额定功率 90kW，主臂荷载 1.1×10^4kN，副臂荷载 7.0×10^3kN。

拱架安装台车主要特点如下：台车采用三臂结构设计，可完成多种形式的拱架安装，精确定位，高效作业。机械抓手与操控装置采用一体化集约设计，安全性与可控性大幅提高。柴油、电力双动力，行走采用柴油机，作业采用电驱动。系统采用全液压设计，可控性高。配置随机电缆卷筒。底盘适合多种现场路面工况，稳定性好，爬坡能力强。作业平台预留锚杆钻机液压接口和气路接口。

拱架安装台车与传统人工安装拱架相比有四大优势。一是安全性好。台车安装拱架时人员在已支护范围内作业，并设有安全护栏进行防护。人工安装拱架时，人员在空顶范围内作业，无任何保护措施。二是适用面广。拱架安装台车适应全断面/二台阶/三台阶隧道开挖法时的立拱架施工。而人工立架采用台架方式，需根据隧道开挖方式，分别制作不同的台架，费时费力。三是劳动力投入少。拱架安装台车需劳动力 5～6 人即可，传统人工安装需 10 人左右，劳动力缩减 50%。台车安装拱架，采用设备抓举拱架，基本无劳动强度；而采用人工安装时，无论是钢拱架还是格栅，都需要人工搬运安装，人员数量多，劳动强度大，安全风险高。四是作业高效。三臂同时焊接，立拱架与焊接工序无缝衔接，能够提升 3 倍效率。台车利用履带行走，可适应隧道内复杂地面情况；而人工作业台架移动不便，不仅要场地平整，还需其他设备辅助移动。经统计，以 3 榀拱架为例，台车安装拱架约需 50min，而人工安装拱架约需 150min。

5.3.2 湿喷机械手

湿喷机械手（图 5-3）取代了传统人工喷射混凝土作业，由行走底盘、混凝土喷射机械臂、混凝土泵送系统、速凝剂泵送系统、液压系统、控制系统等部分组成。喷射作业范围宽 30m，高 16.8m，可满足隧道初期支护作业面的全方位混凝土喷射；采用柴油机四轮驱动行走，最高速度 18km/h。工作时，由混凝土运输罐车将混凝土倒入湿喷台车输送泵内，通过三套泵送系统，将混凝土、速凝剂、压缩空气输送到喷嘴进行混合后，高速喷射到隧道初期支护工作面。

a)

b)

图 5-3 湿喷机械手

湿喷机械手长 8.2m、宽 2.7m、高 3.5m，重 18.2t，最大喷射量 $30m^3/h$，电机总功率 55kW，柴油机功率 93kW。

湿喷机械手有五大主要特点：一是可以有效改善隧道内部混凝土喷射施工人员的工作环境，提高施工效率；二是喷射混凝土回弹率低，减少混凝土消耗量；三是行走采用柴油机驱动，作业时采用电动系统，大大减少了隧道内空气污染，低碳、环保；四是台车可四轮转向、斜行、双向驾驶、四轮驱动，转弯半径小，适应不同地面行走要求；五是适用于全断面、两台阶、三台阶施工方法，施工无死角。

与传统的小型湿喷机相比，湿喷机械手有以下四大优势：一是质量稳定。湿喷机械手可以保证喷射角度、距离，避免了人工喷射的盲区、盲点；喷射作业时流量稳定、速度匀速，可连续湿喷，湿喷混凝土表面平整度较好，外观颜色均匀，力学性能指标上下浮动幅度小；初期支护混凝土强度高、整体性强、密实度好。二是喷射高效。湿喷机械手喷射效率 $24\sim30m^3/h$，大大高于小型湿喷机（喷射效率 $3m^3/h$）。三是安全性强。湿喷机械手喷射作业时，距离支护作业面大约 15m，遥控操作，避免了掌子面塌方对作业人员和机械设备的安全威胁。四是成本降低。湿喷台车喷射压力充足，喷射距离稳定，喷射回弹率得到有效控制，大大降低了施工成本。

5.4 仰拱作业机械化

栈桥能使隧道内车辆顺利通过仰拱段，具有车辆通行、仰拱施工等功能。自行式液压栈桥主要由前坡桥、后坡桥、桥身、前支腿、后支腿、液压系统和行走机构等组成，如图 5-4 所示。通过遥控操控，能方便进行前进、后退、横移等动作。

a)

b)

图 5-4　自行式液压栈桥

液压栈桥长 39m、宽 5.5m、高 2.9m，有效衬砌长度 24m，有效行车宽度 3.5m，额定过车质量 60t，栈桥走行速度 5m/min。

自行式液压栈桥有五大特点：一是栈桥全部采用电控液压系统，自动化程度高；二是栈桥一端是履带式行走，另一端是电机驱动包胶钢轮行走，行走均可 90°转弯；三是栈桥自带动力，可方便地前进、后退、左右横移，无需挖掘机、装载机等外界动力；四是针对仰拱开挖面凹凸不平的情况，栈桥可由液压油缸调节支撑高度，调节高差范围是 0.5m，可保证栈桥处于正常工作状态；五是栈桥具有仰拱弧形模板，采用液压油缸脱模，弧形模板随栈桥同步移动。

与传统的普通栈桥相比，自行式液压栈桥劳动力投入更少，普通栈桥需要多次搬运仰拱模板，24m 自行式液压栈桥自行移动，弧形模板随栈桥移动，不需要人工倒运。施工工效更高，自行式 24m 液压栈桥收、支模速度快，工作效率高。

5.5 防水作业机械化

多功能挂布钢筋作业台车主要由门架钢结构支撑系统（即门架系统）、行走系统、操作平台、挂布小车、液压系统等机构组成，如图 5-5 所示。拱形架上设有链条，挂布小车通过链条传动，沿隧道轮廓移动，带动防水板铺设，再由挂布小车的支撑装置，将防水板推至铺设位置，完成铺设工作。其可作为隧道二次衬砌钢筋绑扎平台。

台车总长 7.2m，台车轮距 8.2m，净空 7.9m×5.8m，平台可伸缩长度 1m，单次铺设防水板长度 6m；行走速度 6m/min，铺设速度 2.8～3m/min；采用无线遥控。

台车采用轮胎行走。防水板铺设时，电机驱动小车在拱架链条上行走，带动防水板沿隧道轮廓线移动，然后由支撑装置将防水板顶至铺设位置。适用宽度不大于 6m 的防水板铺设。

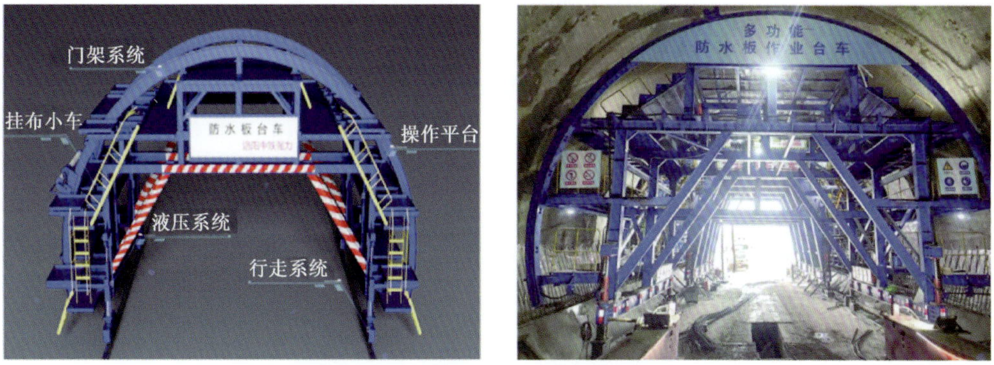

a)　　b)

图 5-5　多功能挂布钢筋作业台车

台车结构简单、紧凑,装配方便快捷,连接可靠,大大降低了劳动强度,提高了工作效率,保证了防水效果和隧道的总体施工质量。施工平台为可伸缩式,可以满足不同位置防水板的铺设,方便操作。平台大小布置合理,同时满足挂布、钢筋绑扎作业要求。

与传统人工安装防水板相比,使用多功能挂布钢筋作业台车劳动力投入更少,普通简易挂布钢筋作业台车结构简单,绑扎钢筋及铺设防水层需 10 名作业人员。多功能挂布钢筋作业台车采用滑轨小车、链条传动的方式自动铺设防水层,可遥控,仅需 5 名作业人员。施工效率更高:多功能挂布钢筋作业台车可自行移动,无需人工及装载机,人工铺设速度 0.5m/min,多功能挂布钢筋作业台车铺设防水层速度为 2.8 ~ 3m/min,施工效率得到大幅提升。

5.6 二次衬砌及其养护作业机械化

5.6.1　整体式液压模板二次衬砌台车

整体式液压模板二次衬砌台车(图 5-6)由主体钢结构、钢模板系统、行走系统、混凝土泵送系统、自动浇筑机、防脱空报警系统、注浆系统、自动控制系统等机构组成。采用步进方式行走,结构稳定,具备二次衬砌自动浇筑、拱顶空洞检测报警、带模注浆等功能。

台车长 12.1m、宽 11.7m、高 8m,净空 5.9m × 4.9m,行走方式采用步进式,行走速度 3m/min,步履长度 3.2m,单个电机功率 7.5kW。液压系统额定压力 16MPa,工作压力 12MPa。

整体式液压模板二次衬砌台车有三大特点。一是二次衬砌混凝土自动分层浇筑。混凝土通过地泵泵入主管道,经自动移动的浇筑机,将混凝土自下而上、逐窗注入相应的窗口,入模分层浇筑。浇筑完成后,开启冲洗系统,将管道内的残留混凝土清洗干净,避免堵管。浇筑系统采用遥控控制,单人即可快速完成换管操作。拱顶浇筑口处设置压力传感器,根据需要设定压力报警值,当压力超过设定值后,可声光报警停止泵送。二是拱顶空洞检测报警。

可以有效检测衬砌拱顶浇筑饱满情况，预防衬砌空洞的产生。采用低压控制系统，有效保证了作业人员的安全。结合带模注浆工艺，安装方便。三是带模注浆。在混凝土初凝时开始带模注浆，且注浆压力远大于脱模后的注浆压力，提高了衬砌混凝土与注浆处理浆液的整体性，有利于修复各种混凝土缺陷。注浆时，受到台车模板的保护，二次衬砌混凝土不会破坏。

图 5-6　整体式液压模板二次衬砌台车

与传统的普通二次衬砌台车相比，整体式液压模板二次衬砌台车有三大优势。一是劳动力投入更少。普通二次衬砌台车需至少 12 名施工人员；整体式液压模板二次衬砌台车采用自动浇筑系统，1 人遥控，共需 6 名施工人员。二是施工工效更高。滑槽逐窗入模可解决因拆卸泵管耽误的时间，降低拆装泵管难度，提高工作效率；传统二次衬砌施工方式不能带模注浆，事后修补耗时耗力，影响其他作业工序。三是施工质量更好。防脱空报警系统装置能有效避免空洞，在不脱模的情况下，可实现对拱顶脱空进行注浆，与防脱空装置相结合，能大幅减少二次衬砌空洞。

5.6.2　自动喷淋养护台车

自动喷淋养护台车(图 5-7)由轮胎行走机构、门架机构、维护平台、喷淋系统、自动化控制系统等组成。轮胎行走机构，减震性好，运行更平稳；维护平台，设置斜梯和平台护栏，位置合理，便于隧道拱面的检修；喷淋系统是核心机构，具有先进的水箱水温检测、加热及水位报警等功能，保证系统连续、安全运行；利用自动化控制系统，实现高质量、高效率、无人化作业。

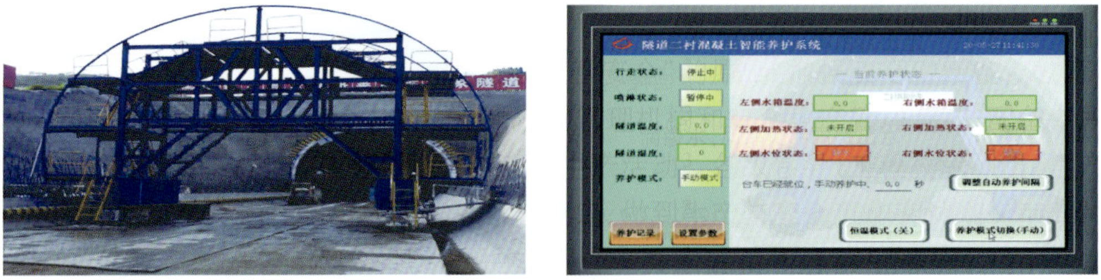

a)　　　　b)

图 5-7　自动喷淋养护台车及操作界面

自动喷淋养护台车长 4.5m,轮距 7m,净空 6m×4.5m,利用电机驱动,行走速度 10m/min,单个行走电机功率 3kW,单个转向电机功率 2.2kW。

自动喷淋养护台车采用轮胎行走机构,减振性能好。采用自动化控制和遥控控制两种方式,可以自由切换,控制更便捷安全,省工省力。附加功能齐全,可实现自动循环养护、隧道温度湿度检测、水箱水温检测及加热、水箱水位检测及缺水报警。喷淋作业无需人员值守,可实现夜间自动作业。台车前后设有距离传感器,可紧急制动停车。台架上还可设计工作平台,实现二次衬砌检测等其他用途。

与传统养护台车相比,自动喷淋养护台车具有以下四个优点。一是劳动力投入少。传统养护需设置 1~2 名专职人员,该台车无需人工,设置好养护时间、养护长度后可实现自动喷淋养护。二是质量效果佳。传统人工喷淋影响因素多,无法保证对拱顶的有效养护,该台车可实现均匀、定时、定量喷淋,养护效果佳。三是安全保障好。传统养护方法需搭设台车或由装载机安设施工平台,安全隐患较大,该台车利用轮胎平稳行走,自带作业平台并设置安全护栏。四是施工效率高。传统喷淋养护需铺设管道、安装喷枪、倒运管道,施工极为不便,该台车自动化施工,无需人工,自带水箱,具备隧道除尘、缺水报警等功能,保证系统安全运行,不影响隧道施工。

5.7 水沟电缆槽作业机械化

整体式电缆沟槽台车(图 5-8)主要由模架系统、行走系统、液压系统和模板系统组成,由电机驱动,通过两根 P50 钢轨作为走行轨纵向移动,就位后通过横向液压油缸进行横向位置调整,利用单组模板升降油缸进行竖向高度调整,实现模板精准定位。

a) b)

图 5-8 整体式电缆沟槽台车

整体式电缆沟槽台车长 12m、宽 6.7m、高 5.5m。台车通过遥控操作,利用钢轨作为走行轨纵向移动,降低模板倒运工作量。通过横向竖向液压油缸调整模板位置,实现精准、快速支模,提高施工效率。整体式门架结构,在保证结构物尺寸的同时还可保证车辆正常通过,减少对其他工序的干扰。

与传统电缆槽施工工艺相比,整体式电缆沟槽台车有三点优势。一是外观质量好,台车通过液压油缸对模板进行微调,实现精准定位,避免了传统模板易胀模、施工缝多、错台严重等质量通病,电缆槽的几何尺寸、外观、线形高程都得到良好的控制。二是劳动力投入少,台车施工只需 4 名工人即可完成,可节省大量人力,降低劳动强度。三是施工效率高,同等条件下,台车不需要机械配合倒运模板,可节约辅助设备就位时间,每天可浇筑电缆槽 24m(双侧),而传统的拼装式模板施工每天仅可浇筑电缆槽 6m(双侧),这样大大加快工序循环,保障施工工期。

Chapter 06

第6章

隧道通风技术

大万山隧道为特长隧道，运营期间隧道内的通风安全尤为重要。在初步设计方案中采用设置竖井的通风方案，通过现场实地勘察后发现竖井所处位置现场施工条件较为困难、施工周期长，且垂直穿越地层、地质较为复杂、节理裂隙较发育，施工难度较大、投入成本较高，通过查阅设计地质勘查图纸及现场的详细调查，提出增加通风斜井、取消竖井的方案来满足运营期的通风安全。为实施该方案需考虑以下几个方面的问题：一是通风方式的改变是否满足后期运营期的通风要求；二是增加通风斜井后采用地面风机房，还是采用井底风机房；三是所选择的增加通风斜井位置及与主洞交叉位置是否满足通风距离要求；四是通风斜井所穿越的地层是否存在不良地质及安全危害；五是通风斜井是否对隧道正洞起到减轻工期压力、缩短工程建设周期、降低施工成本等作用。围绕以上问题，在山西静兴高速公路有限公司的组织下，协同设计院、咨询单位，以及聘请国家、省内外等专家共同研究分析，最终以科学数据为依据，采用取消竖井，增加地面通风斜井的设计方案，优化隧道的通风方式，为项目的尽快实施提供了条件。一是地面通风斜井在施工阶段可作为施工斜井使用，为特长隧道工作面的增加起到积极的保障作用，缓解了工期压力；二是通风斜井方案在施工组织中较为灵活，采用汽车运输便可满足运输要求，减少了竖井大型提升特种设备的投入，降低了施工过程中的安全风险；三是经济效益可观，缩短建设周期，降低施工成本，为项目的尽早投入运行起到关键作用。

6.1 隧道施工通风技术

6.1.1 施工通风

1）通风目标

根据隧道工程施工技术指南和国家有关规定，隧道在整个施工过程中，作业环境应符合下列职业健康及安全标准：

（1）隧道中氧气含量按体积不小于20%。

（2）隧道内气温不高于28℃。

（3）隧道中一氧化碳含量不大于30mg/m^3。

（4）隧道中二氧化碳含量按体积不大于0.5%。

（5）隧道中氮氧化物在5mg/m^{3}以下。

（6）隧道通风能满足每人供应新鲜空气3m^3/h，采用内燃机械作业的满足供风量不小于3m^3/(min·kW)。

（7）洞内最小风速：全断面开挖时不小于0.15m/s，分部开挖的坑道不小于0.25m/s。

大万山隧道采用直径为1.8m和1.5m风管。风管采用新型拉链软风管，平均百米漏风率0.015，平均百米静压损失为70Pa，摩阻系数0.02。采用阻燃、抗静电软风管，抗静电电阻

大于 $1\times10^{8}\Omega$,阻燃氧指数大于27。

2)正洞施工通风

施工通风采用压入式通风,每个单洞采用2×132kW轴流式通风机、直径为1.5m的通风管送风。压入风管的出风口距工作面15~20m,通风管的安装平顺、接头牢固严密,转弯角度不小于135°。

3)斜井施工通风

2号斜井承担1830m斜井和正洞小里程左线2026m、右线2026m的通风任务。

施工通风采用压入式通风,于斜井洞口设4×165kW轴流主风机,通过直径为1.8m风管将空气压至掌子面,如图6-1所示。进入正洞施工后,采用2台1×110kW轴流主风机通过直径为1.8m风管将空气压至掌子面,在洞内每隔500~800m设置28kW射流式风机通1台,使风可以在洞内循环,在斜井与正洞交界处设置1台28kW轴流式通风机,直径为0.8m的排风管将正洞的循环空气引至斜井内排出。

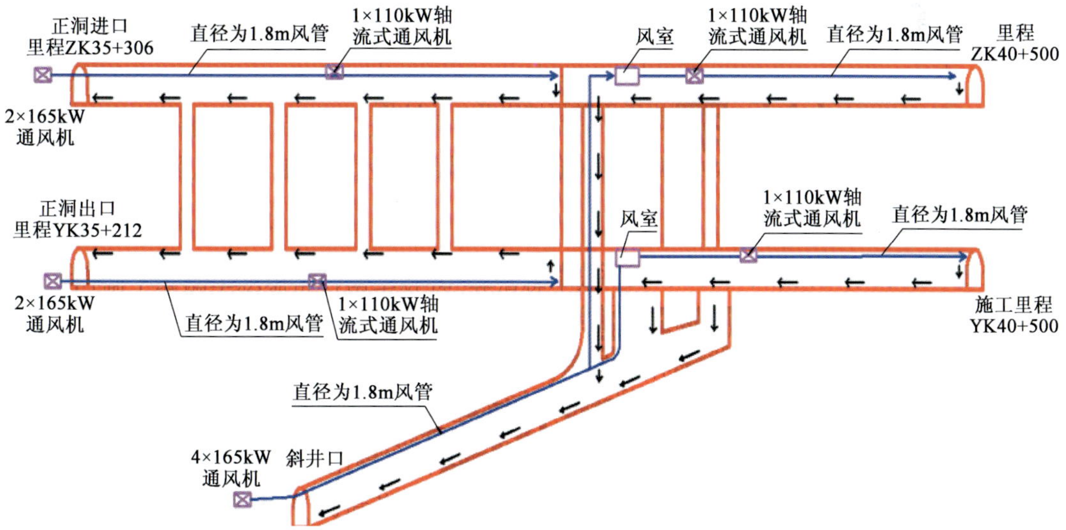

图6-1 大万山特长隧道(进口)斜井通风示意图

6.1.2 高压供风

大万山隧道各开挖面的高压供风按22台TY-28凿岩机与喷混凝土机错时段作业考虑,配备 $20m^{3}$ 电动空压机,洞口300m内高压风管采用直径为273mm的风管,300m之后采用直径为200mm的无缝钢管,高压风管采用托架法安装在边墙上,沿隧道水沟上50cm位置布置,高度以不影响仰拱及铺底施工为宜。管道前段距开挖面30m处设分风器,用高压软管接至各风动工具处。

隧道出口工区在洞外设置10台 $20m^{3}/min$ 空压机。

斜井洞口配备10台 $20m^{3}/min$ 电动空压机,前期为斜井施工供风,之后8台 $20m^{3}/min$

电动空压机进洞,分别向大、小里程方向供风。空压机随隧道的掘进不断跟进,以减少通风能耗。

竖井工区在洞外设置 12 台 20m^3/min 空压机。

6.2 隧道运营通风技术

静兴高速公路大万山隧道左线起始里程 ZK35 +306,终点里程 ZK45 +673,长度 10373m;左线起始里程 ZK35 +212,终点里程 ZK45 +702,长度 10490m;隧道设计速度 80km/h,双洞四车道,单向行驶;隧道为单面坡,坡率 1.8%。

6.2.1 需风量计算

根据《山西静兴高速交通量预测报告》(中铁二院工程集团有限责任公司编制,2019 年 12 月),各年份交通量及组成分别见表 6-1 和表 6-2,高峰小时系数 0.085,交通方向不平衡系数 0.52。

各年份交通量表　　表 6-1

年份(年)	2021	2020	2030	2040	2050
交通量	12976	18297	20686	29139	33300

注:折算成小客车,单位为辆/d。

各年份交通组成表　　表 6-2

年份(年)	小货车	中货车	大货车	拖挂车	小客车	大客车	合计
2021	5.46	4.67	6.16	27.86	53.43	2.43	100.0
2030	6.05	5.21	5.91	22.20	58.40	2.24	100.0
2040	6.10	5.08	2.34	15.24	69.48	1.77	100.0

结合山西省人民办公厅发布《关于印发陕西省推进运输结构调整实施方案》和《关于印发陕西省打赢蓝天保卫战 2019 年行动计划的通知》,进一步进行交通量修编后,中远期设计年份交通量明显减小,2030 年交通量由 35114pcu/d 减小为 21139pcu/d,减小约 39.8%;2040 年交通量由 42648pcu/d 减小为 28983pcu/d,减小约 32%,其对比如图 6-2 所示。

根据国家新能源汽车的发展战略,中远期新能源汽车比例分别取 5%;根据《静兴项目附近区域 LNG 重卡汽车①调查情况》(山西静兴高速公路有限公司编制),保守计算,本项目 LNG 重卡汽车占比 10%,通风计算交通量见表 6-3。

① LNG 重卡汽车:以压缩天然气(CNG)和液化天然气(LNG)作为发动机燃料的重型载货汽车。

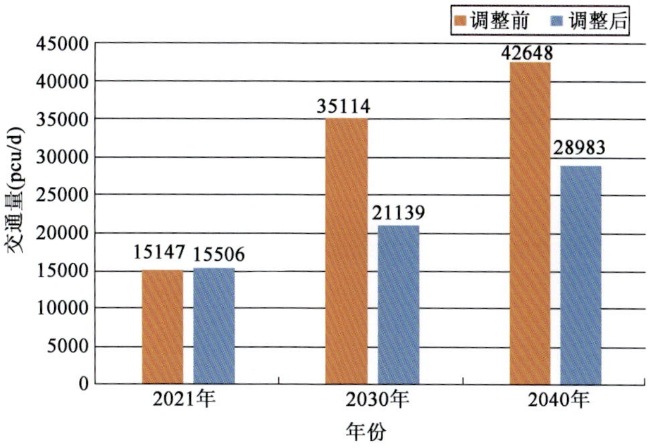

图 6-2 交通量对比图

通风计算交通量 表 6-3

年份(年)	标准小客车交通量(辆/d)	标准小客车高峰小时交通量(辆/h)	混合车高峰小时交通量(辆/h)
2021	12976	574	292
2030	20686	914	510
2040	29139	1288	844

经过计算,大万山隧道需风量见表 6-4。

大万山隧道需风量 表 6-4

分　线	时　期	控制工况	需风量(m^3/s)
左洞	中期	稀释 VI	1031.90
	远期	稀释 VI	1040.15
右洞	中期	稀释异味	542.91
	远期	稀释异味	542.91

注:VI 为隧道能见度检测。

根据隧道需风量值及现场实际情况,提出大万山隧道的通风方案,并给出 6 种优化通风方案,最终比选出最适宜的通风方案。

6.2.2 斜井送排与单补组合的分段纵向通风方案

在兴县洞口至 2 号斜井之间设一处补风通道,左线隧道向右线隧道补入新风,大万山隧道采用斜井送排与单补组合的分段通风方案,如图 6-3 所示。单补通道的具体位置通过比选优化计算确定。左线运营通风分段最大长度为 7219m,右线运营通风分段最大长度随互补通风位置的变化而变化。

2 号斜井兼顾两线隧道的排烟,两隧道均采用分三段的纵向排烟方案,最大排烟长度为 4155m。

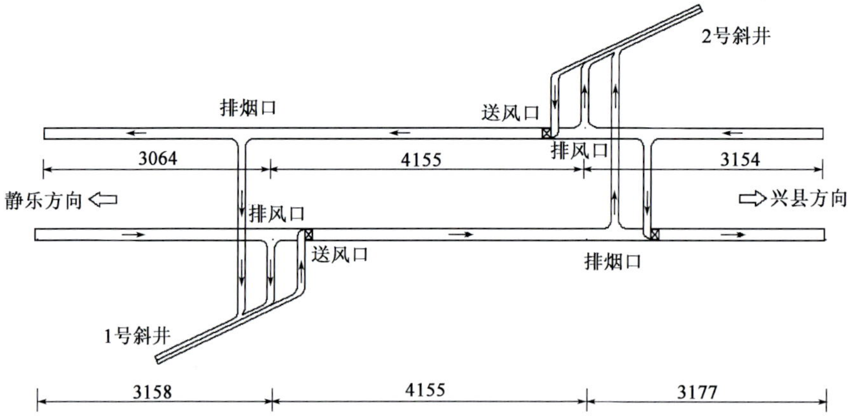

图 6-3　优化方案五运营通风示意图(尺寸单位:m)

6.2.3　通风方案计算

为实现更好的通风节能效果,在兴县洞口至2号竖井之间设置ZK44+179(工况1)、ZK43+679(工况2)及ZK43+179(工况3)三个位置的补风通道,并对射流风机+斜井送排+单补组合的分段纵向通风方案进行了计算比选。

根据计算得到左右线各段隧道控制风量见表6-5~表6-7,1号斜井及2号斜井轴流风机风量、风压及功率见表6-8,运营所需轴流风机台数、功率及装机总功率见表6-9~表6-11。

左右线各段隧道内风流情况(工况1)　　表6-5

线路	项　目			静乐洞口	1号斜井	2号斜井	兴县端补风通道	兴县洞口
左线	里程			ZK35+306	ZK38+349	ZK42+525	ZK44+179	ZK45+679
	长度(m)			—	7219	1654	1500	—
	风量(m^3/s)		中期	—	378.20	408.20	408.2	—
			远期	—	378.20	408.20	408.2	—
右线	里程			ZK35+212	ZK38+370	ZK42+487	ZK44+179	ZK45+702
	长度(m)			—	3158	5809	1523	—
	风量(m^3/s)	80 km/h	中期	—	370.52	440.52	380.52	—
			远期	—	370.52	480.52	600.52	—

左右线各段隧道内风流情况(工况2)　　表6-6

线路	项　目		静乐洞口	1号斜井	2号斜井	兴县端补风通道	兴县洞口
左线	里程		ZK35+306	ZK38+349	ZK42+525	ZK43+679	ZK45+679
	长度(m)		—	7219	1654	2000	—
	风量(m^3/s)	中期	—	378.20	258.20	408.20	—
		远期	—	378.20	258.20	408.20	—

续上表

线路	项　目			静乐洞口	1号斜井	2号斜井	兴县端补风通道	兴县洞口
右线	里程			ZK35+212	ZK38+370	ZK42+487	ZK43+679	ZK45+702
	长度(m)			—	3158	5309	2523	—
	风量(m^3/s)	80 km/h	中期	—	370.52	410.52	380.52	—
			远期	—	370.52	450.52	600.52	—

左右线各段隧道内风流情况(工况3) 表6-7

线路	项　目			静乐洞口	1号斜井	2号斜井	兴县端补风通道	兴县洞口
左线	里程			ZK35+306	ZK38+349	ZK42+525	ZK43+179	ZK45+679
	长度(m)			—	7219	1154	2500	—
	风量(m^3/s)		中期	—	379.60	259.60	439.60	—
			远期	—	379.60	259.60	439.60	—
右线	里程			ZK35+212	ZK38+370	ZK42+487	ZK43+179	ZK45+702
	长度(m)			—	3158	5309	2523	—
	风量(m^3/s)	80 km/h	中期	—	433.32	403.32	583.32	—
			远期	—	401.92	431.92	611.92	—

轴流风机计算功率表 表6-8

互补位置	项　目		风压(Pa)	风量(m^3/s)	功率(kW)
工况1(ZK44+179)	1号斜井排风		280	1107	473
	1号斜井送风	中期	350	1563	967
		远期	390	1844	1271
	2号斜井	排风	155	834	229
		送风	240	1808	767
	左线补右线		120	1216	258
工况2(ZK43+679)	1号斜井排风		280	1107	473
	1号斜井送风	中期	320	1456	823
		远期	360	1736	1105
	2号斜井	排风	155	834	229
		送风	270	1958	934
	左线补右线		150	1220	323
工况3(ZK43+179)	1号斜井送风		280	1107	473
	1号斜井送风	中期	250	1164	514
		远期	310	1575	863
	2号斜井	排风	155	834	229
		送风	270	1958	934
	左线补右线		180	1225	390

轴流风机计算功率表(工况 1)　　表 6-9

项目		单位	1 号 斜 井		2 号 斜 井		互补(左线补入右线)	
			中期	远期	中期	远期	中期	远期
排风风机	单机功率	kW/台	250	250	250	250	280	280
	数量	台	2	2	1	1	1	1
	合计	kW	500	500	250	250	280	280
送风风机	单机功率	kW/台	335	425	380	380	—	—
	数量	台	3	3	2	2	—	—
	合计	kW	1005	1275	760	760	—	—
射流风机数量/单机功率		台/kW	44/37	46/37	48/37	44/37	—	—
射流风机功率		kW	1628	1702	1776	1628	—	—
轴流风机功率		kW	1505	1775	1010	1010	280	280
装机总功率		kW	中期:6199				远期:6395	

轴流风机计算功率表(工况 2)　　表 6-10

项目		单位	1 号 斜 井		2 号 斜 井		互补(左线补入右线)	
			中期	远期	中期	远期	中期	远期
排风风机	单机功率	kW/台	250	250	250	250	320	320
	数量	台	2	2	1	1	1	1
	合计	kW	500	500	250	250	320	320
送风风机	单机功率	kW/台	280	380	475	475	—	—
	数量	台	3	3	2	2	—	—
	合计	kW	840	1140	950	950	—	—
射流风机数量/单机功率		台/kW	40/37	44/37	46/37	44/37	—	—
射流风机功率		kW	1480	1628	1702	1628	—	—
轴流风机功率		kW	1340	1640	1200	1200	320	320
装机总功率		kW	中期:6042				远期:6416	

轴流风机计算功率表(工况 3)　　表 6-11

项目		单位	1 号 斜 井		2 号 斜 井		互补(左线补入右线)	
			中期	远期	中期	远期	中期	远期
排风风机	单机功率	kW/台	250	250	250	250	200	200
	数量	台	2	2	1	1	2	2
	合计	kW	500	500	250	250	400	400
送风风机	单机功率	kW/台	280	300	475	475	—	—
	数量	台	2	3	2	2	—	—
	合计	kW	560	900	950	950	—	—

续上表

项　目	单位	1 号 斜 井		2 号 斜 井		互补(左线补入右线)	
		中期	远期	中期	远期	中期	远期
射流风机数量/单机功率	台/kW	54/37	50/37	54/37	50/37	—	—
射流风机功率	kW	1998	1850	1998	1850	—	—
轴流风机功率	kW	1060	1400	1200	1200	400	400
装机总功率	kW	中期:6656				远期:6700	

从表6-5 ~ 表6-7、表6-9 ~ 表6-11 中可以看出,三个工况中,补风通道位置距离兴县洞口1.5km(工况1:ZK44 + 179)和2.0km(工况2:ZK43 + 679),两线隧道运营装机总功率相当,当补风通道设置在距离兴县洞口2.5km(工况3:ZK43 + 179)时,两线隧道运营装机总功率要比其余两位置大约500kW。

两位置总功率略大,因此对于该方案,建议将补风通道位置设置在ZK43 + 679处(工况2)。

6.3 火灾排烟通风技术

6.3.1 人员及车辆的疏散撤离

(1)火灾后,火源点上游车辆停止,火源点下游车辆快速驶出隧道。

(2)开启火源点上游的车行横通道,火灾隧道上游人员和车辆通过横通道撤离到另一隧道避难。

6.3.2 火灾救援通风设计原则

当隧道发生火灾时,现场产生的烟尘和各种有毒有害气体对人体危害很大,而且流动的速度很快,一旦充满安全出口,就会严重阻碍人员疏散,进而导致人员伤亡。因此火灾时:

(1)为保证火灾烟雾和高温气体不向另一隧道蔓延,应保证在打开车行横通道处的火灾隧道的风流压力低于撤离隧道,火灾烟流不会危及另一隧道的人员和车辆,通过两隧道内射流风机的合理布设及开启来实现。

(2)为保证阻塞在火源后的车流处在无烟的环境中,火灾段隧道风流速度应大于火灾临界风速。根据理论公式计算,当火灾产生30MW的热释放率时,控制大万山隧道的火灾烟雾流动的临界风速在3.60m/s左右;结合《公路隧道通风设计细则》(JTG/T D70/2-02—2014)规定,设计时取4.0m/s。

(3)火灾后开启两隧道之间的部分横通道,风流在两隧道之间互相串流,已经不同于运营通风期间的单管流动,应当采用通风网络理论,进行两隧道的火灾通风计算。

(4)火灾后,高温气流的流动将在隧道中产生火风压,燃烧火焰对风流产生截流效应,这两种效应将对隧道的风流流动产生影响。其中,截流效应对风流的流动起阻碍作用;而火风压在上坡隧道中对风流的流动起促进作用,在下坡隧道中对风流的流动起阻碍作用,火风压对下坡隧道射流风机台数影响严重。

(5)火灾后烟流温度升高,密度降低,将导致射流风机的升压力下降和排风风机排风能力不足,救援通风设计中要考虑该效应的影响。

6.3.3 火灾分段排烟及组织

大万山隧道采用1号斜井、2号斜井分三段纵向排烟方案,考虑竖井底部短道特殊位置,具体排烟通风组织时,则分为四段。

1)右线排烟分段及排风组织

第1分段:隧道入口分段。隧道入口至1号斜井排风口,开启两隧道一定组合的射流风机、1号斜井2台排烟风机,通过1号斜井排烟,并开启2号斜井1台送风机送风。

第2分段:1号斜井底部短道段。1号斜井排风口至1号斜井送风口之间,开启两隧道一定组合的射流风机、2号斜井2台排烟风机,通过2号斜井排烟,并开启2号斜井1台送风机送风。

第3分段:隧道中间分段。1号斜井排风口至2号斜井排烟口之间,开启两隧道一定组合的射流风机、2号斜井2台排烟风机,通过2号斜井排烟,并开启2号斜井1台送风风机和1号斜井1台送风风机。

第4分段:隧道出口分区。2号斜井送风口至隧道出口,开启两隧道一定组合的射流风机,烟流通过右线隧道出口排出,并开启2号斜井1台送风风机、1号斜井1台送风风机。

2)左线排烟分段及排风组织

第1分段:隧道入口分段。隧道入口至2号斜井排风口,开启两隧道一定组合的射流风机、2号斜井2台排烟风机,通过2号斜井排烟,并开启1号斜井1台送风机送风。

第2分段:2号斜井底部短道段。2号斜井排风口至2号斜井送风口之间,开启两隧道一定组合的射流风机、1号斜井2台排烟风机,通过1号斜井排烟,并开启1号斜井1台送风风机送风。

第3分段:隧道中间分段。2号斜井排风口至1号斜井排烟口之间,开启两隧道一定组合的射流风机、1号斜井2台排烟风机,通过1号斜井排烟,并开启1号斜井1台送风风机和2号斜井1台送风风机。

第4分段:隧道出口分区。1号斜井送风口至隧道出口,开启两隧道一定组合的射流风机,烟流通过右线隧道出口排出,并开启2号斜井1台送风风机、1号斜井1台送风风机。

6.3.4 火灾排烟通风风机配置

经计算得到大万山隧道火灾通风所需风机台数及功率，见表6-12。

大万山隧道火灾通风所需风机台数及功率 表6-12

项目		单位	1号斜井	2号斜井
排风风机	单机功率	kW/台	250	280
	数量	台	2	2
	合计	kW	500	560
送风风机	单机功率	kW/台	380	380
	数量	台	1	1
	合计	kW	380	380
射流风机数量/单机功率		kW/台	46/37	50/37
射流风机功率		kW	1702	1850
轴流风机总功率		kW	880	940

Chapter 07

第7章

超前地质预报

7.1 超前地质预报总体方案

隧道建设中对工程地质条件的认知和掌握程度是确保快速、安全修建的决定性因素之一。开挖前对地质情况的了解，对于隧道建设具有十分重要的作用。由于隧道工程地质条件异常复杂，实施超前地质预报可以有效保证隧道施工安全，减少由于揭露接触带、破碎带及断层带岩体产生大量突泥、涌水而带来的损失。

对大万山隧道存在的向斜核部、断裂构造带与韧性剪切带上盘，局部水量较丰富等情况，施工中必须进行超前地质预报，进一步查清隧道开挖工作面前方的工程地质与水文地质条件，以减少或避免因突泥、涌水而造成人员及设备损伤，降低地质灾害发生的概率和危害程度，同时为制订施工措施提供必要的参数，指导工程施工的顺利进行。

根据大万山隧址区内的水文地形条件及相关规定，通过现场试验、数据分析处理、资料解译等手段来对隧道进行超前地质预报。选定地质编录、隧道地震勘探(TSP)为必测方法，选定地质雷达、超前水平钻、加深炮孔等为选测项目，必要时实施。

7.2 超前地质预报的主要内容

隧道施工前的超前地质预报，是在探测或预测掌子面前方几米至几十米，甚至几百米以上的围岩工程地质和水文地质条件的基础上，结合掘进中地质条件的变化，及时提出预报，超前地质预报的具体内容如下。

(1)对照勘测阶段的地质资料，预报地质条件的变化情况及对施工的影响程度。

(2)可能出现坍方滑动影响施工时，预报其部位、类型、规模、发展趋势，并提出处理措施。

(3)隧道将要穿过不稳定岩层、较大断层时，需施工单位改变施工方法或做应急措施预报。

(4)预报可能出现突然涌水地点、涌水量的大小、地下水泥砂含量及对施工的影响。

(5)软岩出现内鼓、片状掉块地段，应预报对施工的影响程度。

(6)岩体突然开裂或原有裂隙逐渐加宽时，应预报其危害程度。

(7)在位移量测中发现围岩变形速率突然加快时，应预报对围岩稳定性的影响程度。

(8)浅埋隧道地面出现下沉或裂缝时，应预报对隧道稳定性和施工的影响程度。

(9)洞口可能出现滑坡、坠石，应及时做出预报。

(10)预报由于施工不当，可能造成围岩失稳及其改进措施。

(11)隧道附近或穿过含瓦斯地段的煤层中，预测瓦斯影响程度。

7.3 超前地质预报探测方法

7.3.1 方法选择的原则

选择经济、合理、可靠的超前地质预测预报方法,对施工地质条件做出及时、准确的判断,是最大限度规避施工风险的最有效措施。根据大万山隧道工程地质特征,在施工超前地质预报方法选择上采取"五结合原则",即地表和洞内相结合原则,长距离和近距离相结合原则,宏观控制和微观探测相结合原则,构造探测和水探测相结合原则,地质法、物探法、钻探法相结合原则。

7.3.2 综合预报体系

随着隧道开挖难度的增大,为确保施工质量、保证人员安全,建立"地质调查与物探技术相结合、长中短距离相结合、洞内外相结合、定性与定量分析相结合、经验法与专家系统分析相结合"五结合隧道综合预报原则,对隧道超前地质预报可采用长距离预报、中距离预报和短距离预报。

预报长度的划分和预报方法的选择,可参照下列规定执行。

(1)长距离预报:预报长度200m以上,可采用地质调查法、地震波反射法及100m以上的超前钻探等。

(2)中距离预报:预报长度30~200m,可采用地质调查法、地震波反射法、弹性波反射法、瞬变电磁法及30~100m的超前钻探等。

(3)短距离预报:预报长度30m以内,可采用地质调查法、弹性波反射法、电磁波反射法(地质雷达探测)、红外探测及小于30m的超前钻探等。

隧道超前地质预报可采用地质调查与勘探相结合、物探与钻探相结合、长距离与短距离相结合、地面与地下相结合、超前导坑与主洞探测相结合的方法,并对各种方法的预报结果加以综合分析、相互验证,提高预报准确性,并宜符合以下要求:

①当设有平行导坑、正洞超前导坑,或为间距较小的两座隧道时,应充分利用平行超前导坑、正洞超前导坑、先行施工的隧道开展隧道超前地质预报工作。

②在既有隧道附近改建及增建隧道,应在充分利用既有隧道工程地质资料及施工地质资料的基础上,结合改建及增建隧道与既有隧道的空间关系,按照新建隧道的要求,做好超前地质预报工作。

基于各种预报方法的优势,研究一体化综合预报体系,形成有效综合超前地质预报技术,是提高超前探测精度的重要途径。

7.3.3 大万山隧道超前地质预报方法

1) TSP203 超前地质预报系统探测

TSP 方法属于多波多分量高分辨率地震反射法。地震波在设计的 24 个震源点(布置在地层或构造的走向与隧道轴相交成锐角的隧道边墙)用小量炸药激发产生。当地震波遇到岩石波阻抗差异界面(如断层、破碎带和岩性变化等)时,一部分地震信号反射回来,一部分信号透射进入前方介质(图 7-1)。反射的地震信号将被高灵敏度的加速度地震传感器接收并以数字形式记录下来,采集数据通过 TSPwin 专用软件处理,便可了解隧道工作面前方地质体的性质(软弱岩带、破碎带、断层、含水岩层等)和位置及规模。

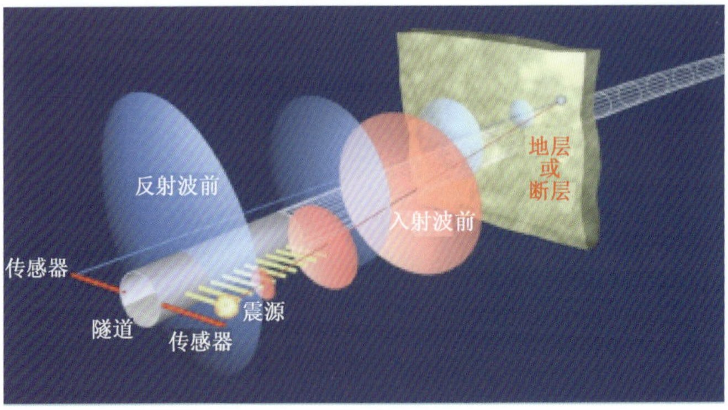

图 7-1 TSP 探测原理

大万山隧道工程采用 TSP203 超前地质预报系统(简称"TSP203 系统"),它是由瑞士安伯格测量技术公司专门为隧道及地下工程施工超前地质预报研制开发的,是目前国内外在这一领域最先进的科技成果。

TSP203 系统主要组成及其技术特性:

(1)记录单元:12 道,24 位模拟信号/数字信号(A/D)转换,采样间隔 62.5μs 和 125μs,最大记录长度为 1808.5ms,记录带宽 8000Hz 和 4000Hz,动态范围 120dB。

(2)接收器(检波器):三分量加速度地震检波器,灵敏度为 1000mV/g×(1±5%),频率范围为 0.5~5000Hz,共振频率 9000Hz,横向灵敏度≥1%,操作温度 0~65℃。

(3)TSPwin1.1 软件:数据采集、处理及评估一体化,高度智能。

TSP203 系统的具体作业流程如下(图 7-2)。

(1)钻孔:在距离工作面 50m 处钻深度为 1.5m 的孔,布置传感器;自工作面起,每隔1.5m 钻孔一个,钻孔深度为 1.5m,最后一个孔与传感器的距离大于 20m。所有钻孔的高度尽可能

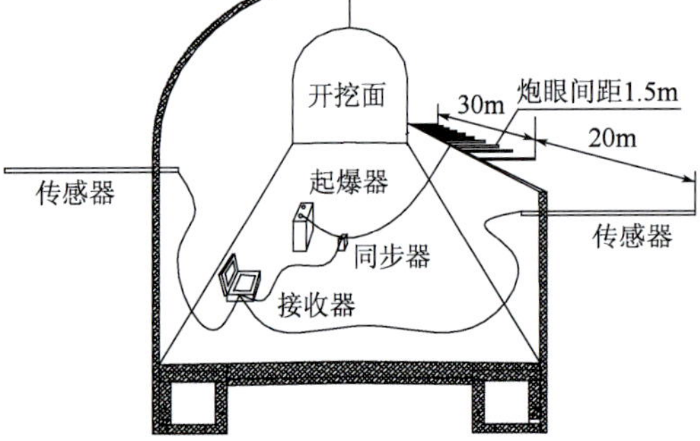

图 7-2 TSP203 系统作业布置示意图

在同一高程线上。钻孔位置如图 7-2 所示。

(2)钻孔完毕后,逐个测量孔的深度和倾斜度,并做好记录。

(3)埋设传感器杆:埋设传感器前,先清孔,清除孔底虚渣,放入环氧树脂药卷,插入传感器套杆,用钻机带动其钻动,保证环氧树脂药卷充分搅拌。待传感器杆固定后,插入传感器,传感器方向朝向掌子面。

(4)连线检查:把传感器、检波器(计算机)、起爆器、同步器连接,并检查其是否正常工作,此时起爆器与雷管断开。

(5)测量时间:测量时间选在施工交接班时间,要求工作面 800m 范围内停止机械作业和作业人员作业,作业前与现场施工员联系,以确定停工时间,此时准备好爆破药卷、电雷管等。

(6)装药爆破:由最里边炮孔开始,逐个依次装药连线,起爆器起爆,装药量根据围岩情况,一般控制在 50 ~ 80g/孔,围岩较好时,可加大,但不能超过 100g/孔。

(7)恢复施工:爆破一结束,可以立即恢复施工,一般停工时间在 45min 左右。

(8)成果分析:采用 TSP203 系统自带的软件分析系统,剔除一些明显的干扰波,软件自动分析,自动生成图表,反映前方围岩的物理特性,以及岩层分界线、软弱带、断层的位置等信息。

2)地质雷达

当 TSP203 系统预报前方有断层、岩层破碎等不良地质时,其规模、形态需要具体了解,可用地质雷达实施探测。地质雷达实施探测前,在平板车上搭设检测平台,雷达仪置于车体或平台上,由平台上的操作人员将雷达天线触板与所测点接触,利用超声波在不同围岩介质中具有不同传播速率的原理,通过雷达接收仪接收反射波的时间差,据此分析所测部位的地质形态。

地质雷达检测具体原理:雷达发射天线向地下连续发射脉冲式高频电磁波,当遇到有电性差异的界面或目标体(介电常数和电导率不同)时即发生反射波和透射波,如图 7-3 所示。接收天线接收反射波并经电缆传递给主机,在主机显示屏上形成实时的时间剖面。根据记录到的反射波到达时间和求得的电磁波在介质中的传播速度,确定界面或目标体的深度;同时根据反射波的形态、强弱及其变化等因素来判定目标体的性质。

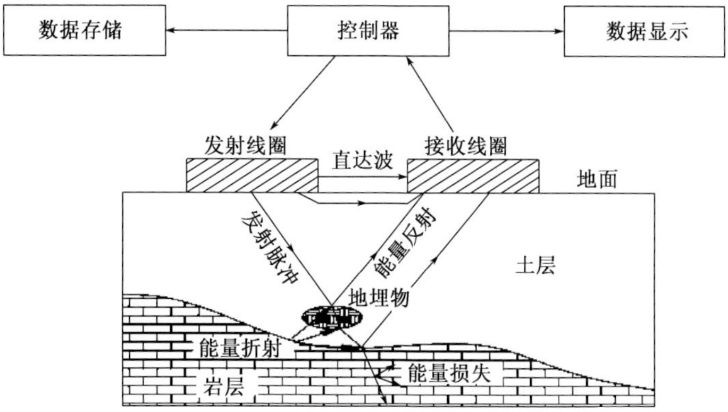

图 7-3 地质雷达探测原理图

地质雷达的现场测线为两横两纵的网状结构，具体如图 7-4 所示。

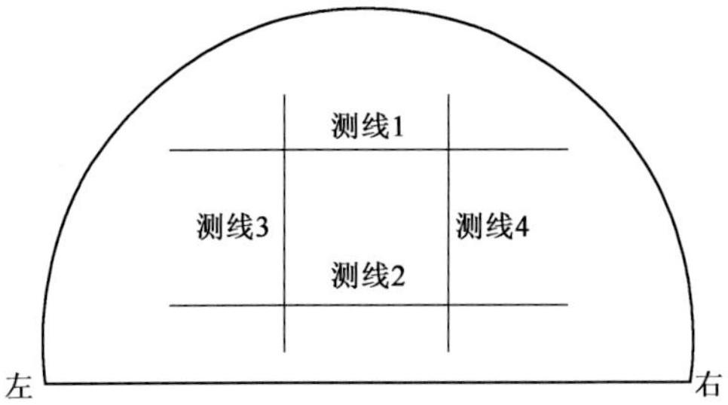

图 7-4　现场测线布置图

3）超前钻孔

"物探先行，钻探验证"，超前钻探是一种传统而可靠的工程地质探测方法，具有研判准确、直观的优点。针对大万山隧道围岩特点，采用超前钻探方法进行探测，以超前水平岩芯钻探为主，辅以浅孔钻探。

超前钻探方法是在钻进过程中，从钻进的时间、速度、压力，冲洗液的颜色、成分，卡钻、跳钻，以及岩性、构造性质、地下水等情况掌握地质条件。综合分析不同位置钻孔的钻进长度随时间变化曲线，大致确定断层的规模和产状。

7.4 大万山隧道超前地质预报结果

大万山隧道超前地质预报结果及建议见表 7-1。

大万山隧道超前地质预报结果及建议　　表 7-1

量测范围	主要仪器设备	结论	建议
ZK38 + 973 ~ ZK39 + 110	TSP203 超前地质预报系统	本段岩性主要为片岩、石英岩等，裂隙发育，岩体结合性一般，围岩整体呈块状结构，局部呈碎块状，强度一般，局部有股状裂隙水，围岩整体稳定性一般	开挖后受层理、节理、裂隙影响。掌子面岩体软硬不均，应及时进行支护。对股状裂隙水段，提前做好排水设施。建议按Ⅲ级（偏弱）围岩支护组织施工
ZK39 + 110 ~ ZK39 + 143	TSP203 超前地质预报系统	本段岩性主要为片岩、石英岩等，裂隙发育，岩体结合性一般，围岩整体呈块状 ~ 碎块状结构，局部呈碎块状，强度一般，局部有股状裂隙水，围岩整体稳定性较差	建议开挖前，拱顶采取超前支护。开挖后受层理、节理、裂隙影响，掌子面岩体软硬不均，应及时进行支护。对股状裂隙水段，提前做好排水设施。建议开挖后按Ⅳ级围岩支护组织施工
ZK39 + 197 ~ ZK39 + 232	SIR-20 型地质雷达	本段岩性主要为糜棱岩等，裂隙发育，岩体结合性较差，围岩整体呈碎块状结构，强度一般，局部有股状裂隙水，围岩整体稳定较差	开挖后受层理、节理、裂隙影响，掌子面岩体软硬不均，应及时进行支护。注意破碎的涌水变化，开挖前应进行超前支护，防止拱顶开挖时出现小坍塌。建议开挖后按Ⅴ级围岩支护组织施工

续上表

量测范围	主要仪器设备	结论	建议
ZK39 +229 ~ ZK39 +304	TSP203 超前地质预报系统	本段岩性主要为糜棱岩等,裂隙发育,岩体结合性较差,围岩整体呈块状镶嵌结构,强度一般,局部富含股状裂隙水,围岩整体稳定较差	建议开挖前,拱顶采取超前支护。开挖后受层理、节理、裂隙影响,掌子面岩体软硬不均,应及时进行支护。对股状裂隙水段,提前做好排水设施。建议开挖后按Ⅴ级围岩支护组织施工
ZK39 +304 ~ ZK39 +339	TSP203 超前地质预报系统	本段岩性主要为角闪变粒岩等,裂隙发育,岩体结合性较差,围岩整体呈块状 ~ 碎块状结构,强度一般,局部富含股状裂隙水,围岩整体稳定性较差	开挖后受层理、节理、裂隙影响,掌子面岩体软硬不均,应及时进行支护。对股状裂隙水段,提前做好排水设施。建议开挖后按Ⅳ级围岩支护组织施工
ZK40 +846 ~ ZK40 +877	TSP203 超前地质预报系统	岩体呈块状结构,局部呈碎块状结构,局部有股状涌水,强度一般,裂隙发育,岩体稳定性一般	建议本段开挖后按Ⅲ级(偏弱)围岩支护组织施工
ZK40 +877 ~ ZK40 +910	TSP203 超前地质预报系统	岩体呈块状结构,局部有股状涌水,特别是 K40 +902 ~ K40 +897 段,强度一般,裂隙发育,岩体稳定性一般	建议本段开挖后按Ⅲ级围岩支护组织施工
ZK40 +910 ~ ZK40 +938	TSP203 超前地质预报系统	岩体呈块状结构,局部呈碎块状结构,局部有股状涌水,强度一般,裂隙发育,岩体稳定性一般	建议本段开挖后按Ⅲ级(偏弱)围岩支护组织施工
ZK40 +938 ~ ZK41 +016	TSP203 超前地质预报系统	岩体呈块状结构,局部呈块状结构,局部有股状涌水,强度一般,裂隙发育,岩体稳定性一般	建议本段开挖后按Ⅲ级围岩支护组织施工
ZK41 +154 ~ ZK41 +205	TSP203 超前地质预报系统	岩体呈块状结构,局部有股状涌水,强度一般,裂隙发育,岩体稳定性一般	建议本段开挖后按Ⅲ级围岩支护组织施工
ZK41 +205 ~ ZK41 +312	TSP203 超前地质预报系统	岩体呈块状,局部呈碎块状结构,局部有股状涌水,强度一般,裂隙发育,岩体稳定性一般	建议本段开挖后按Ⅲ级(偏弱)围岩支护组织施工
ZK41 +312 ~ ZK41 +334	TSP203 超前地质预报系统	围岩与掌子面相近,岩体呈块状结构,局部有股状涌水,强度一般,裂隙发育,岩体稳定性一般	建议本段开挖后按Ⅲ级围岩支护组织施工
ZK41 +330 ~ ZK41 +395	TSP203 超前地质预报系统	岩体呈块状结构,局部呈碎块状结构,局部有股状涌水,强度一般,裂隙发育,岩体稳定性一般	建议本段开挖后按Ⅲ级(偏弱)围岩支护组织施工
ZK41 +395 ~ ZK41 +448	TSP203 超前地质预报系统	岩体呈块状结构,局部有股状涌水,强度一般,裂隙发育,岩体稳定性一般	建议本段开挖后按Ⅲ级围岩支护组织施工
ZK41 +448 ~ ZK41 +490	TSP203 超前地质预报系统	岩体呈块状结构,局部呈碎块状结构,局部有股状涌水,强度一般,裂隙发育,岩体稳定性一般	建议本段开挖后按Ⅲ级(偏弱)围岩支护组织施工
ZK41 +490 ~ ZK41 +520	TSP203 超前地质预报系统	围岩与掌子面相近,岩体呈块状结构,局部有股状涌水,强度一般,裂隙发育,岩体稳定性一般	建议本段开挖后按Ⅲ级围岩支护组织施工

续上表

量测范围	主要仪器设备	结论	建议
ZK41 +520 ~ ZK41 +608	TSP203 超前地质预报系统	岩体呈块状结构,局部呈碎块状结构,局部有股状涌水,强度一般,裂隙发育,岩体稳定性一般	建议本段开挖后按Ⅲ级(偏弱)围岩支护组织施工
ZK41 +608 ~ ZK41 +690	TSP203 超前地质预报系统	围岩与掌子面相近,岩体呈块状结构,局部有股状涌水,强度一般,裂隙发育,岩体稳定性一般	建议本段开挖后按Ⅲ级围岩支护组织施工
ZK41 +684 ~ ZK41 +731	TSP203 超前地质预报系统	岩体呈块状结构,局部有股状涌水,强度一般,裂隙发育,岩体稳定性一般	建议本段开挖后按Ⅲ级围岩支护组织施工。
ZK41 +731 ~ ZK41 +761	TSP203 超前地质预报系统	岩体呈块状结构,局部呈碎块状结构,局部有股状涌水,强度一般,裂隙发育,岩体稳定性一般	建议本段开挖后按Ⅲ级(偏弱)围岩支护组织施工
ZK41 +761 ~ ZK41 +854	TSP203 超前地质预报系统	围岩与掌子面相近,岩体呈块状结构,局部有股状涌水,强度一般,裂隙发育,岩体稳定性一般	建议本段开挖后按Ⅲ级围岩支护组织施工

Chapter 08

第8章

隧道施工灾害处治

8.1 隧道塌方灾害处治

8.1.1 隧道塌方情况

1) 塌方段地质概况

大万山隧道 K38 +990 ~ K39 +200 段为 V_1 级围岩，埋深 452m，洞体穿越 F6 压扭性断层破碎带，岩性以糜棱岩为主，断层碎裂岩饱和湿软，断层上盘张性裂隙较发育，相对富水，沿断裂上盘接触带可能存在股状涌水或淋雨状出水，断层带局部可能短时发生突泥突水；属于中等富水洞身段，围岩整体稳定性差。塌方段地质剖面图如图 8-1 所示。

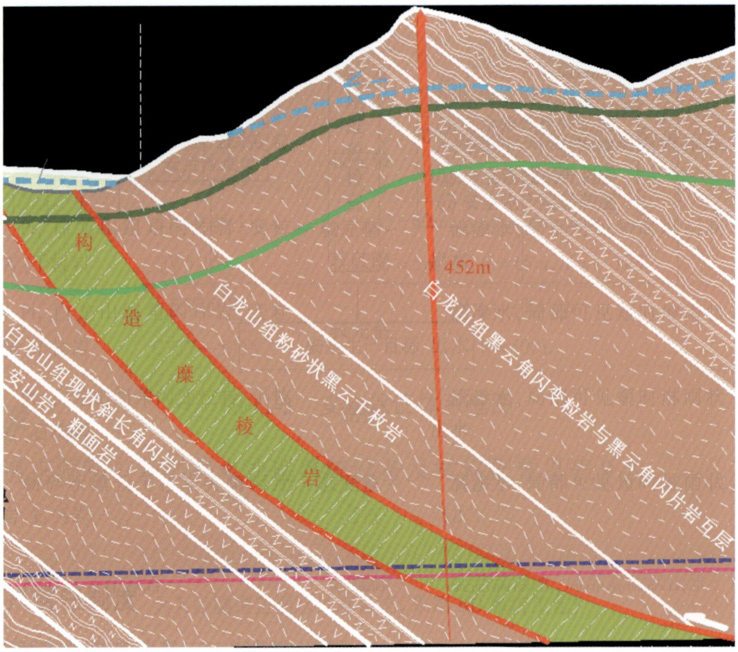

图 8-1　塌方段地质剖面图

2) 塌方预警与发展状况

2020 年 9 月 18 日，大万山隧道右线施工至 K39 +089 掌子面，围岩变差由变更后的 IV_1 级围岩改为原设计 V_1 级围岩施工；9 月 22 日大万山隧道右线施工至 K39 +096 掌子面，9 月 23 日 K39 +085 ~ K39 +096 初期支护开始出现开裂掉块现象，隧道塌方发展情况见表 8-1。

隧道塌方发展情况 表 8-1

时　　间	隧道施工及塌方发展状况
2020 年 9 月 16 日	右线施工至 K39 +083 掌子面
2020 年 9 月 18 日	施工至 K39 +089 掌子面，围岩变差由变更后的$Ⅳ_1$级围岩改为原设计$Ⅴ_1$级围岩施工
2020 年 9 月 22 日	施工至 K39 +096 掌子面，9 月 23 日 K39 +085 ~ K39 +096 初期支护开裂掉块立临时钢拱架 16 榀
2020 年 9 月 30 日	施工到初期支护侵限段里程 K39 +103，到 2020 年 10 月 1 日 K39 +105 段因掌子面围岩变差开始掉块，暂停掌子面施工，开始超前注浆（水泥用量 2.6t）到 2020 年 10 月 2 日 18:10 注浆完成，掌子面开始立架
2020 年 10 月 3 日—2020 年 10 月 5 日	K39 +106 段掌子面再次注浆 14t 水泥
2020 年 10 月 21 日	下午业主、设计院及监理到右线查看 K39 +085 ~ K39 +096 初期支护开裂处，现场临时拱架因围岩压力已变形，业主及设计院要求尽快封闭该段仰拱，使其封闭成环
2020 年 11 月 10 日	项目部完成 K39 +095 ~ K39 +113 段仰拱施工后，开始出现拱顶沉降
2020 年 11 月 19 日	隧道内部开始出现大范围侵限，设计院和监理再次到现场查勘，对侵限段给出处理方案

8.1.2 塌方处治方案

山西静兴高速公路有限公司（简称“静兴公司”）组织设计咨询单位及有关专家，山西交通科学研究院集团有限公司、J2 总监理办公室（简称“总监办”）、土建 2 合同段等单位，对土建 2 合同段大万山隧道右洞进口 K39 +092 ~ K39 +103 初期支护塌方现状，左洞进口 ZK39 +163 掌子面围岩及穿越断层带的初期支护现状进行了现场踏勘，并在静兴公司会议室召开了专题会，对初期支护侵限的总体处理方案如下。

1）探明塌方体具体情况

在拱顶下方，采用自进式跟管机水平钻进，探明塌方体长度，按 1:1 坡率计算隧道内塌方堆积的体积；在临近塌方处，采用自进式跟管机倾斜钻进，根据倾斜角度和钻进深度，确认拱顶覆渣厚度；根据探明的塌方体长度、塌方总体积，考虑松散系数，按照漏斗原理估算拱顶以上空腔的高度、体积，以此作为细化处治方案的依据。

2）初期支护侵限段治理方案

利用横通道，开辟第二工作面，从两端同步治理塌方，既可恢复右洞掌子面的开挖保证施工进度，又可处理初期支护侵限段。在左线 ZK39 +163 掌子面附近或向前开挖 8 ~ 10m 处施工横通道（可将设计 ZK39 +228 人行通道调整至此处）。具体治理方案如下：

（1）进口端喷射混凝土封闭加厚，确保封堵效果；出口端利用 K39 +103 ~ K39 +143 侵限段回填洞渣到起拱线形成上台阶，并对侵限段端头进行封闭处理。

（2）拱顶加固。根据探测结果，若拱顶覆渣厚度小于 3m，应向塌方空腔内泵送混凝土回灌，厚度不小于 2m；若拱顶覆渣厚度大于 3m，采用注浆固结（帷幕注浆），确保松散体全部加固。

(3)超前支护采用直径 108mm 管棚 + 直径 42mm 小导管,大管棚及小导管环向间距 40cm。将初期支护钢拱架变更为 I22 钢拱架,纵向间距 60cm。为防止在开挖过程中掌子面失稳垮塌,对塌方堆积体注浆加固。采用环形开挖预留核心土的开挖方法,加快钢拱架支护施工速度、快速成环,缩短围岩暴露时间。根据监测结果,必要时可考虑施作临时仰拱。

根据已探明的初期支护侵限段情况,从 K39 + 092 开始施作一环大管棚,大管棚尾端与临时钢拱架连接,前端打入岩层 5m,由于洞内空间有限,大管棚角度无法达到要求,故根据实际情况,调整管棚角度 15° ~ 30°,并在第一环管棚前方 6m 范围,再施作一环大管棚,以保证管棚的上方岩土的稳定性,如图 8-2 所示。

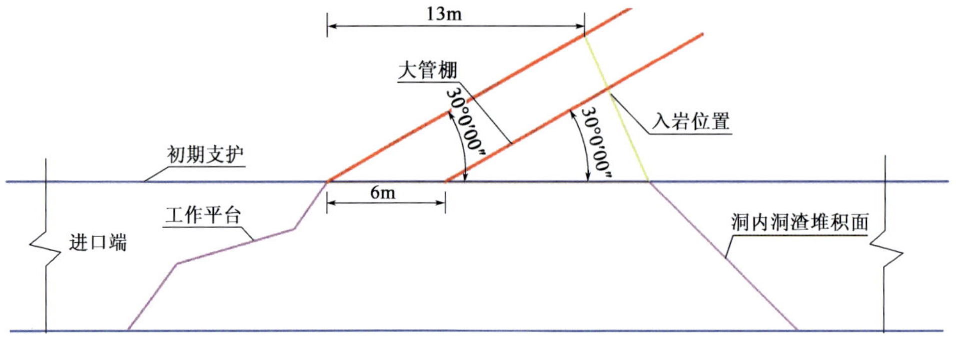

图 8-2　大管棚施工示意图

(4)塌方空腔回填。拱顶以上满足 4 ~ 5m 范围注浆固结或混凝土回灌的前提下,向空腔内吹沙或将 1m 厚石屑作为缓冲层,也可考虑采用轻型泡沫混凝土进行空腔回填。

3)拱架变形段处理

(1)加强监控量测,从二次衬砌端头 K39 + 075 按设计 V_1 级围岩要求开始布置沉降观测点至塌方处,每日观测 3 次,记录观测数据,分析围岩变化情况,指导现场施工。

(2)从 K39 + 083 开始用洞渣反填至初期支护侵限段,减少临空面,防止初期支护侵限段进一步扩大。

(3)先从 K39 + 083 开始超前小导管注浆到塌方处,注浆采用直径为 42mm、壁厚 4mm 的超前小导管施工,环向间距 0.3m,每根长 3.5m,导管张角为 5° ~ 15°,搭接长度大于 1m;注浆液为水泥水玻璃双浆液,注浆至较好围岩处再延伸 10m。

(4)超前注浆完成后,再从 K39 + 083 开始径向注浆,注浆采用直径为 42mm、壁厚 4mm 的小导管,长度 3.5m,环向间距 1m,梅花状布置,仰拱也同样采用径向注浆。

(5)注浆完成后,从 K39 + 083 更换拱架,每次更换一榀,拱架采用 I20a 工字钢,间距 50cm,预留沉降量 15cm。在 K39 + 092 处初期支护侵限段用 I22a 拱架支护,间距 60cm,支护范围从初期支护侵限段延伸至为初期支护侵限段各 5m。钢拱架锁脚用直径为 42mm、壁厚 4mm 的小导管,每根长 3.5m,每节钢拱架都用锁脚固定。

(6)初期支护侵入二次衬砌尺寸较小的,二次衬砌有一定断面保证的,通过变更二次衬砌结构的办法解决,尽量减少拆换作业数量,避免风险。

(7)全程监控。安排专人 24h 监控,加大频率开展监控量测,如初期支护出现变形、掉块等情况,及时采取应急处理措施,防止危害和损失进一步扩大。

(8)J2 总监办和土建 2 合同段要加强安全质量管控,做好各工序旁站记录。

8.1.3 塌方处理流程

1)处理工艺流程

反填洞渣→超前注浆→径向注浆→初期支护凿除→更换钢拱架→锚网喷支护→空腔处理→施作二次衬砌。

2)封闭施工段

根据现场情况,从二次衬砌台车处进行封闭,并做好警示标示及车辆指示标志,禁止无关人员进入施工地段。

3)施工风、水管拆除,电路改移

施工前,必须将拆除范围内的施工供风管、施工供水管、施工通风管全部拆除,右线掌子面施工全面停工。

4)洞渣反填

将洞渣运至二次衬砌端头附近,利用装载机及挖掘机,将洞渣向初期支护侵限段逐步推进,尽量形成反压形式,减少临空面,防止初期支护侵限段进一步扩大。

5)超前注浆

采用直径为 42mm、壁厚 4mm 的小导管超前支护,环向间距 0.3m,每根长 3.5m,从拱脚到拱顶全断面注浆。

施工前提前加工注浆花管,小导管外插角为 10°~15°,开挖前采用 YT-28 风动凿岩机沿拱部开挖轮廓线外 10cm 施钻,成孔后安装超前小导管,端部与钢拱架焊接牢固,并用 16mm 钢板将小导管与纵向钢拱架相连,形成整体,然后沿小导管布置线喷混凝土形成止浆盘,如图 8-3 所示。注浆材料为水泥-水玻璃双浆液,质量比为水泥:水:水玻璃 =1:1:0.23,凝结时间在 1~3min,注浆压力达到 1.0MPa 停止注浆,采用 KBY50/70 双液注浆泵进行注浆作业。

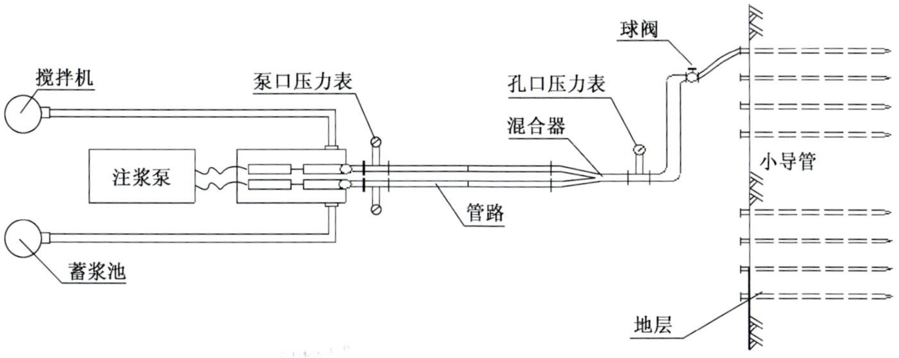

图 8-3 小导管注浆工艺流程

6)径向注浆

注浆采用直径为42mm、壁厚4mm的小导管,长度3.5m,环向间距1m,梅花状布置,仰拱也采用相同形式径向注浆。

(1)径向小导管施工工序:

检查锚管中孔、钻头水孔是否有异物堵塞,若有,应清除干净连接钻头和锚管。连接凿岩机、钎尾的连接锚管和钻机连接套锚管对准设计的锚孔位置,凿岩机应先给风和水,然后钻进。钻进至设计深度后,应用高压风冲孔,检查钻头水孔是否畅通,确认畅通后将钻机连接套从锚管上卸下;锚管外露孔口长度以10~15cm为宜,若锚管需加长,应用锚管连接套连接已施作锚管和另一根锚管,然后重复上述步骤,钻进至设计深度,用钢管将止浆塞通过锚管外露端打入孔口10cm左右安装垫板及螺母,但此时不宜上紧。

(2)径向小导管锚管施工工艺流程如图8-4所示。

检查注浆泵及其零件是否齐备和正常,有关注浆泵的操作程序应遵守注浆泵操作手册。用水或风检查锚孔是否畅通,孔口返水或风即可调节水流量计,使水灰比至设计值为止,并记下流量计刻度。从注浆泵出口出来的浆液,必须均匀,不能有断续不均现象。迅速将锚管、注浆管及注浆泵用快速接头连接好,开动泵注浆,整个过程应连续灌注,不停顿,必须一次完成。观察到浆液从止浆塞边缘流出或压力表达到设计值,即可停泵。当完成一根锚管的注浆后,应迅速卸下注浆软管与锚管的接头,清洗并安装至另一根锚管,然后注浆。注浆过程中,应及时清洗接头,保证注浆过程的连续性。完成整个注浆后,应及时清洗及保养注浆泵。在灰浆达到初始设计强度后,方可上紧垫板及螺母。

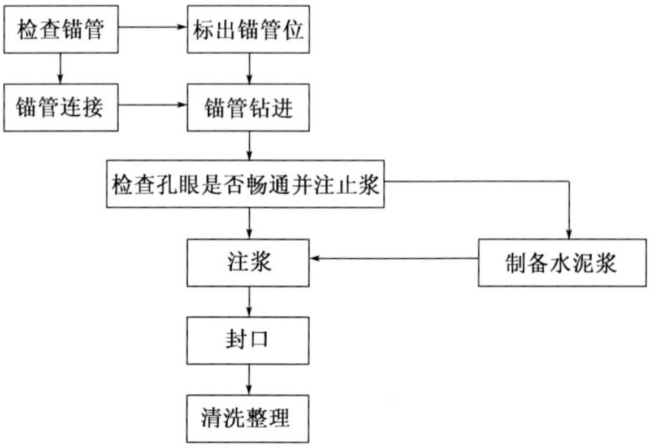

图8-4 径向小导管锚管施工工艺流程图

7)初期支护凿除

初期支护拆除采用钻爆法施工会引起相邻衬砌和围岩发生爆破振动,会对隧道围岩和邻近结构物力学性能产生不利影响。采用人工风镐加破碎锤开挖法进行施工,可减少施工时对相邻初期支护的振动。拆除时,为避免隧道初期支护拆除过程中出现整体脱落,按照“从上往下,先外后内”的原则进行拆除。

(1)先利用洞渣在施工段垫出一个施工平台,满足破碎锤从上往下施工的条件。破碎锤从拱顶向两侧均匀拆除初期支护,局部位置用人工风镐进行拆除。

(2)拆除钢拱架拆除至关重要,钢拱架拆除后导致围岩应力重新分布,岩面外露。拆除前,采用地质雷达对隧道围岩进行扫描,监控量测数据显示围岩初期支护稳定后,方可进行钢拱架的拆换。如拆除过程中遇到围岩掉块,应及时撤离作业人员,上报上级单位。钢拱架按照每次更换一榀的原则,对拆除段钢拱架进行拆换,且安装环向钢拱架连接点分为 5 次拆除,按照从上到下的顺序进行拆除。钢拱架具体拆除顺序如图 8-5 所示。

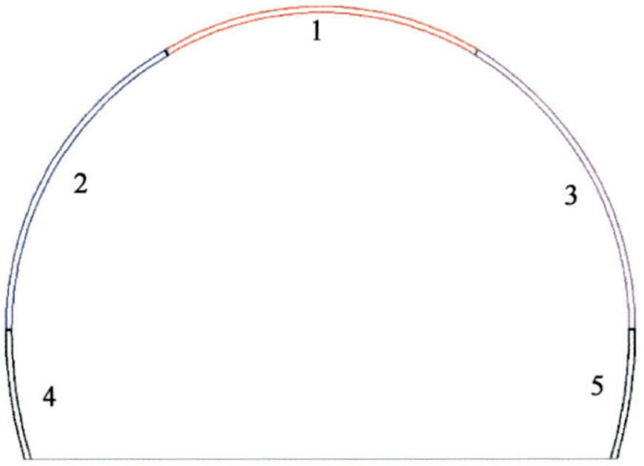

图 8-5 钢拱架拆除顺序图

(3)钢支撑、连接钢筋、网片割除。

钢支撑拆除时,破碎锤破除钢支撑背后的岩土。当用破碎锤不便于操作时,可用风镐凿除钢支撑背后的岩土。

钢支撑切割时应沿半径方向,一次割除一个钢支撑单元。割除前采用顶撑顶住被割除段的钢支撑单元,两端用气焊割除后,再割除钢支撑原有的纵向连接钢筋、钢筋网片,然后用锤头先轻敲震动钢支撑,使钢支撑松动,此时采用机械对钢支撑进行支撑,由 4 名工人配合拖住钢支撑,1 人用撬棍从一端到另一端逐步撬动,直至钢支撑顺利拆除。

在钢支撑拆除完成后,人工进行欠挖处理,对于局部残留的混凝土采用风镐破除,锚管支护等钢结构采用气焊切除,直至轮廓满足施工和设计要求。

8)钢拱架更换

把加工好的相应钢支撑单元运至作业面,调整后定位安装;每节钢拱架打设 2 根锁脚锚管,端头弯制成 L 形与钢支撑焊接牢固。锁脚锚管采用长 3.5m 的直径为 42mm、壁厚 4mm 的小导管;按设计要求纵向连接筋环向 0.5m 间距,与钢拱架焊接,双面焊焊接长度不小于 $5d$(d 为纵向连接筋直径),相邻两榀拱架之间呈梅花形布置连接钢筋。

钢筋网片采用直径为 8mm 的钢筋,网格间距为 20cm×20cm,搭接长度为 1 个网格。

9)喷射混凝土

每榀钢拱架拆换完成后及时喷射 C25 混凝土,厚度不小于 28cm。

10)空腔处理

为确保塌方区施工安全,采用自进式跟管机施作管棚。自进式跟管机的原理:准备工作→架设工作平台→孔口测量定位→安放钻机→跟管钻进→接管→跟管钻进→结束或移孔→注浆。自进式跟管机的优点:钻杆旋转推动钻头前进,到预定位置后钻杆形成管棚,无需打孔退钻送管,避免发生塌孔和钢管送不到位的状况;钻进的同时用水冷却钻头,无粉尘。

(1)管棚施工流程(图 8-6)。

(2)管棚施工工艺。

管棚采用直径为 108mm、壁厚 6mm 的钢管,节长 1.5m,用套筒连接。

①测量放样,标注孔位。沿掌子面右侧塌方范围起拱线至左侧塌方范围内,标注管棚孔位,环向间距 50cm。

②安放并固定钻机,调整钻孔方位与线路轴线外插角,其根据现场实际情况确定。

③开动钻机,钻进时低速低压,钢管随进度一根一根连续接长,直到预定位置,尾端焊接法兰与止浆阀。

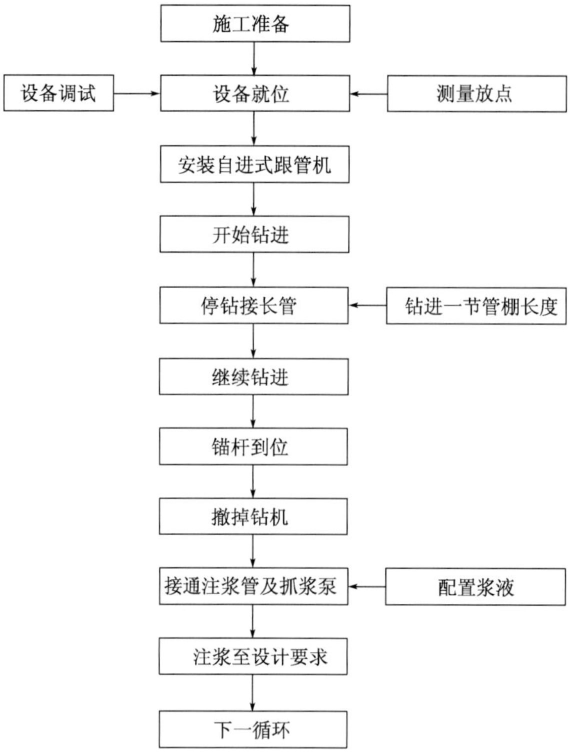

图 8-6 管棚施工流程图

(3)管棚注浆采用双液浆,将管棚周边岩土凝结形成保护壳,注浆结束后及时清理管内浆液,并用 M30 水泥砂浆填充密实,目的是将钢管内空腔填满,增加钢管的强度,使管棚具有更高的支撑能力。注浆完毕,用水清洗注浆机与注浆管,待浆液凝结,管棚具有一定强度和刚度后,再进行空腔回填处理。

(4)加强初期支护侵限段支护。

①初期支护加强,加强塌方空腔段初期支护,采用 I22a 工字钢支护,工字钢间距调整为 50cm,直径 22mm 连接钢筋调整为上下两层,环向间距调整为 50cm/根,交错布置。全环布设双层钢筋网片,用 C25 喷射混凝土封闭。

②空腔分层回填,初期支护施作时,先埋设两根预留管,一根用于泵混凝土,另一根用作排气管。初期支护侵限段的初期支护完成后,先用 C30 混凝土回填,厚度 3m,形成保护壳,然后用粉煤灰回填。混凝土每次回填厚度不宜超过 50cm,待混凝土强度达到设计 60%,再进行回填,保证混凝土具有一定的自稳能力。回填期间,要不间断观测初期支护变化情况。

8.1.4 塌方处置注意事项

(1)初期支护按照每段长1榀拱架间距拆换,要求隔段进行拆换。

(2)拆换过程中必须全程监控量测,设安全员全程值守,负责安全管理。

(3)拆换过程中,尽量避免、减少各种振动、冲击作业,避免水影响。

(4)拆换拱架前,对施工作业人员进行安全技术交底,施工时尽量减少正面对着换拱作业面的时间。

(5)拆换后的拱架单元不能采用螺栓连接时,要采用型钢或16mm钢板对连接处楔紧并四面满焊。

(6)管棚施工前必须喷射5cm厚的混凝土封闭掌子面,保证注浆时浆液不向掌子面外流出。

(7)采用自进式跟管机钻进时严格控制管棚的点位、仰角、钻深,保证管棚环向间距40cm,外插角15°~30°。

(8)自进式跟管机钻进过程中,随时注意观察掌子面情况,如有出水现象,及时注浆,边注浆边钻进,以防突水事件。

(9)保证管棚之间连接牢固,不得有管节脱落现象,确保管棚之间的搭接长度3m。

(10)自进式管棚钻机工作平台搭设要牢固,管棚钻机钻进过程中加大仰角测量频率,如超出允许范围及时纠正,确保管棚施工精度。

(11)严格控制注浆工艺,根据地层情况及时调整浆液配比,注浆压力不大于5.0MPa。

8.1.5 加强监控量测

1)监控量测程序

监控量测的目的在于监测围岩变形和压力情况,验证支护衬砌的设计效果,保证围岩稳定和施工安全;提供判断围岩和支护系统基本稳定的依据,确定衬砌的施作时间;通过对量测数据的分析处理,掌握地层稳定性变化规律,预见事故和险情,作为调整支护参数及施工方法的依据,提供围岩和支护衬砌最终稳定的信息。监控量测流程如图8-7所示。

拱架拆除施工过程中监控量测工作的主要作用是监测围岩状态,指导拱架拆除施工。利用监控量测的结果判断围岩是否收敛,收敛后方可开始进行拆除施工。在首次拆除后二次拆除前进行量测,收敛后方可进行二次拆除。

2)测点布置

在护拱拱架拆除过程中,严格进行拱顶下沉量测、水平净空收敛量,测点严格按监控量测规范进行布置,如图8-8所示。

3)布点观测

施工前,在洞内该段初期支护钢架上布置监控量测点,拱顶下沉观测点及净空收敛观测点按每2m一个断面进行布设,以观测围岩及初期支护结构的变化,每个拆除区段布设3个断面。

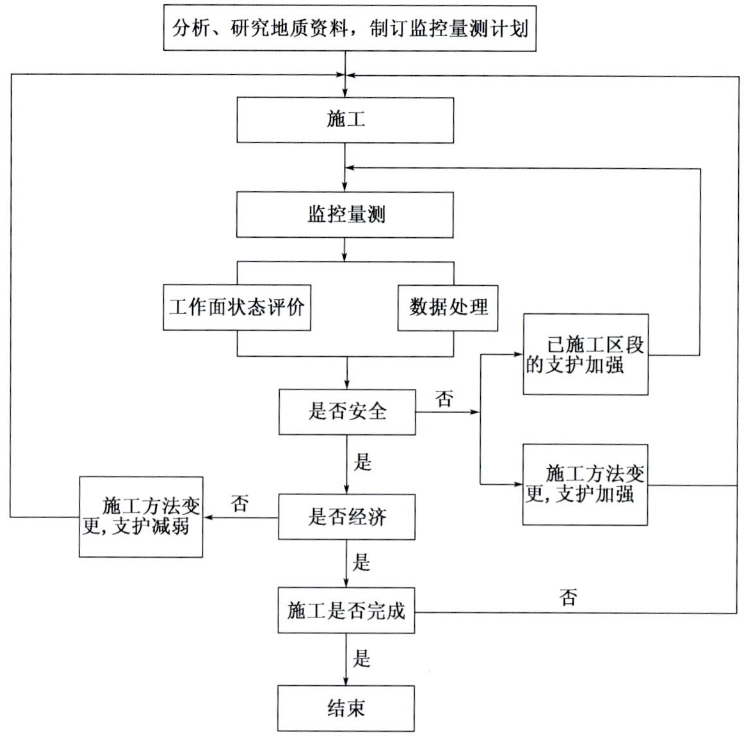

图 8-7　监控量测流程图

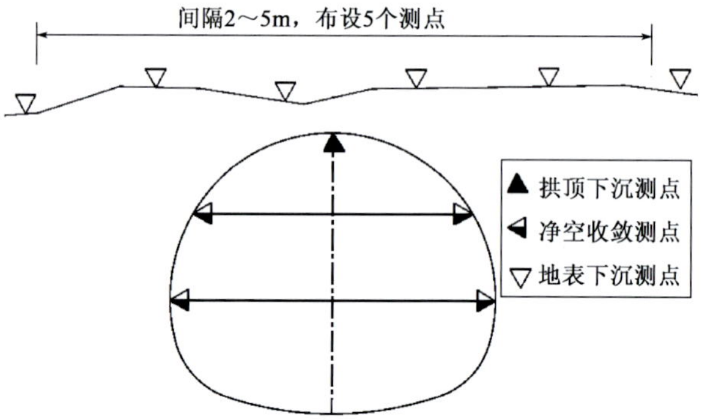

图 8-8　监控量测测点布置图

拱顶下沉观测点：在隧道需拆除的初期支护上每 2m 设置一个点，拱架拆除施工完的初期支护上每 2m 设置一个点，并且在拱架拆除施工完 6h 内进行第一次观测，仪器采用高精度水准仪，观测频率为 2 次/d，直至二次衬砌完成后为止。

净空收敛观测点：在拱顶下沉观测点同一断面设置，仪器采用高精度全站仪，观测频率同拱顶下沉观测频率。

4）量测整理及分析

根据现场量测数据绘制位移-时间曲线图，在位移-时间曲线趋于平缓时进行回归分析，以推算最终位移和掌握位移变化规律，建立下沉量（U）随时间（T）发展的时态函数，根据测点位移变化速率判断围岩稳定状况。当隧道周边变形趋势有明显减缓趋势,则说明隧道变形基本处于稳定状态,当变化速率过快、过大,或当位移-时间曲线出现反弯点时,说明位移急剧增加,表明围岩及支护已呈不稳状态,应及时加强支护并停止作业,并根据现场及施工情况进行分析。

5)监控量测加强工作

(1)不仅对原护拱支护钢架变形进行观测,对拆除后恢复的初期支护同样要加强观测。

(2)开挖过程中注意观察初期支护状态,包括喷混凝土层是否产生裂缝、剥离和剪切破坏,支撑是否压屈变形,对以上情况进行详细描述、记录,并予以评估,作为及时采取相应措施的依据。

(3)现场量测时根据拱架拆除、初期支护恢复各工序作业持续时间,调整量测频率。

8.2 隧道突(涌)水灾害处治

8.2.1 大万山隧道突(涌)水情况

1)隧道突水灾害规模划分

在现有研究中,多以隧道内突(涌)水点处的水量来划分隧道突(涌)水灾害规模。水量小于 $100m^3/h$ 时,为小型突(涌)水灾害;水量在 $100 \sim 1000m^3/h$ 之间时,为中型突(涌)水灾害;水量在 $1000 \sim 10000m^3/h$ 之间时,为大型突(涌)水灾害;水量大于 $10000m^3/h$ 时,为特大型突(涌)水灾害。

2)大万山隧道突(涌)水情况

大万山隧道突(涌)水实际情况如图 8-9 ~ 图 8-18 所示。

8.2.2 大万山隧道突(涌)水原因分析

1)地质构造

大万山隧道受到地质构造影响较严重的桩号范围为 K38 + 630 ~ K38 + 750、K43 + 700 ~ ZK44 + 000、K43 + 745 ~ K43 + 860、K35 + 410 ~ K35 + 500、K44 + 250 ~ K44 + 475、K45 + 060 ~ K45 + 120、ZK38 + 745 ~ ZK38 + 765、ZK43 + 800 ~ ZK43 + 915、ZK45 + 045 ~ ZK5 + 105。在这些区间中 K44 + 257 的涌水受到 F2 走滑断裂构造的影响;其余涌水区间均未处于隧道与断裂构造交会的区间,即其他区间涌水均不是断层涌水。

图 8-9　K40 + 904 掌子面股状涌水

图 8-10　K41 + 223 掌子面多处喷射状突水

图 8-11　K41 + 291 掌子面喷射状突水

图 8-12　K41 + 302 边墙涌水情况

图 8-13　K44 + 257 掌子面积水情况

图 8-14　ZK41 + 778 掌子面股状涌水

图 8-15 ZK41 +652.6 掌子面钻孔排水情况

图 8-16 ZK41 +233.1 掌子面涌水情况

图 8-17 ZK41 +180.8 股状涌水

图 8-18 ZK41 +332 拱顶涌水情况

在 K44 +250 ~ K44 +475 段，长 225m，围岩级别为 V_1 级，洞体穿越 F2 号走滑断裂构造，压性构造，断层带与隧道小角度相交，岩性主要为糜棱岩，相对阻水，糜棱岩较破碎，开挖易变形，但是断层上盘张性裂隙发育，相对富水，隧道施工至 K44 +257 时，遭遇断层涌水。

2）补给水源

隧道围岩情况复杂多变，隧道内出现涌水的区间，其围岩为角闪片岩、变粒岩、千枚岩、糜棱岩、角闪变粒岩、绿泥角闪片岩夹长石石英岩等，它们均为非可溶岩，因此隧道内出现的涌水不是岩溶涌水。当隧道发生涌水时，涌水与降雨之间未见明显的关联性，即隧道的内涌水并未直接受到降雨的补给。结合现场情况及物探结论可知，涌水区间的裂隙水非常丰富，隧道内水的来源主要为基岩裂隙水，即大万山隧道施工遭遇涌水的主要原因为基岩裂隙水丰富。

地质勘查报告、超前地质预报预测涌水情况及实际施工涌水情况见表 8-2。

地质勘查报告、超前地质预报预测涌水情况及实际施工涌水情况　　表 8-2

编号	桩　　号	围　　岩	地质勘查报告预测富水情况	超前地质预报结论	施工揭露情况
1	K40 +904	角闪片岩、变粒岩	中等富水	局部富含裂隙水	裂隙水丰富,掌子面呈涌流状出水,水量大时约为 140m^3/h
2	K41 +223	角闪片岩、变粒岩	弱富水	裂隙发育,局部有股状涌水	裂隙水丰富,掌子面多处喷射状涌水,水压较大,涌水量为 70 ~ 90m^3/h
3	K41 +291	千枚岩	弱富水	裂隙发育,局部有股状涌水	裂隙水丰富,掌子面发生喷射状涌水,涌水量为 30 ~ 40m^3/h
4	K41 +302	千枚岩	弱富水	裂隙发育,局部有股状涌水	裂隙水丰富,掌子面发生股状涌水,涌水量为 60 ~ 70m^3/h
5	K44 +257	糜棱岩	中等富水	局部富含裂隙水	裂隙水丰富,掌子面发生股状涌水,水量大时约为 120m^3/h
6	ZK41 +778	绿泥角闪片岩、夹长石石英岩	弱富水	裂隙发育,局部有股状涌水	裂隙水丰富,掌子面发生股状涌水,水量大时约为 90m^3/h
7	ZK41 +652	绿泥角闪片岩、夹长石石英岩	弱富水	裂隙发育,局部有股状涌水	裂隙水丰富,掌子面呈涌流状出水,水量大时约为 120m^3/h
8	ZK41 +233	角闪变粒岩	弱富水	裂隙发育,局部有股状涌水	裂隙水丰富,掌子面发生多处呈喷射状涌水
9	ZK41 +180	角闪变粒岩	弱富水	裂隙发育,局部有股状涌水	裂隙水丰富,掌子面发生多处呈股状涌水,水量大时为 110 ~ 130m^3/h
10	ZK41 +332	千枚岩	弱富水	裂隙发育,局部有股状涌水	裂隙水丰富,掌子面呈淋雨状出水

8.2.3　突(涌)水处治措施

处理隧道内地下水的方法主要有“引、堵、绕”,即隧道开挖遇到流动的地下水体,可采用“引”,如修筑泄水洞等排水通道将地下水引出隧道;若遇到水体在隧道周边时,可采用“堵”的方法,避免地下水进入工作面内,如采用注浆加固的方法封堵围岩裂隙;对于富水断层、高压富水溶腔等难以直接处治的地区时,可采用“绕”的方法通过,即采取迂回导坑先绕过此富水区域,然后处理此富水区域。

1) 引排方案

使用引排水方案处理隧道突水时,最常见的是修建泄水洞与钻孔排水,还可以在地表增设排(截)水沟、局部加密隧道内的环向与横向排水管等。

(1)泄水洞。

当隧道内发生大型、特大型突(涌)水灾害时,一般需要修建泄水洞排水。在溶岩地区,由于地下暗河、岩溶管道及高压富水溶腔的存在,遭遇大规模突(涌)水灾害的可能性较高,修建泄水洞排水非常常见,如上古隧道、华蓥山隧道就是典型的例子。而在非溶岩地区,当遭遇导水断层有可能出现大规模突(涌)水灾害,此时可以考虑修建泄水洞排水,其余情况极少采用泄水洞排水。

(2)钻孔排水。

当隧道内发生中型、小型突(涌)水灾害时,钻孔排水可作为隧道内的主要排水措施;当隧道内发生大型、特大型突(涌)水灾害时钻孔排水可作为辅助的排水措施。钻孔排水可以有效降低围岩水压,在溶岩地区及非溶岩地区钻孔排水都是常见的处治措施。

(3)地表增设排水沟、截水沟。

在溶岩发育地区,隧道与地表之间的连接通道是岩溶管道或断层,而在非溶岩地区隧道与地表之间的连接通道往往只是断层。若可以明确隧道内突水受到地表补给,则在突(涌)水灾害发生的地表增设排水沟、截水沟、挡水墙等,可以有效减少隧道内的补给水源。如砒霜坳隧道在处理 RK63 +010 ~ RK63 +020 段涌水时,其处理措施之一就是在山顶陷坑四周修建截水沟及挡水墙,以增强地表排水能力。

(4)局部加密隧道内的横向、环向排水管等。

局部加密隧道内的横向排水管与环向排水管、在隧道底部增设中心排水沟等可以作为处理突(涌)水、突泥灾害的辅助措施。如上古隧道在处理隧道内突(涌)水灾害时,在隧道穿过富水区间时,将隧道内横向排水管与环向排水管的间距由 10m 加密到 3m。该方法在溶岩地区以及非溶岩地区的隧道中都有一定的应用,大万山隧道也采用了该方案。常规的横向、环向排水管间距为 10m。在大万山隧道排水系统中,在施工缝附近,Ⅳ级围岩的环向排水管间距为 6 ~8m,Ⅴ级围岩的环向排水管间距为 4m;在紧急停车带处Ⅲ级围岩的环向排水管间距为 8m,Ⅳ级围岩的环向排水管间距为 4m;在隧道出现突(涌)水灾害的地点,一道环向排水管处设置了 2 根环向排水管。

2)注浆堵水

堵水方案主要是注浆,注浆方案有帷幕注浆、径向注浆、局部注浆等。

(1)帷幕注浆。

在非溶岩地区处理断层突水、富水岩层突水时,帷幕注浆是非常有效的措施;在溶岩地区,帷幕注浆还常用于处理高压富水溶腔与地下暗河。在处理隧道内中型、大型、特大型突(涌)水灾害时,采用帷幕注浆技术较为常见。帷幕注浆,即通过注浆,在隧道周边形成一道类似帷幕的混凝土防渗墙,可切断隧道与周边水的水力联系。帷幕注浆的加固范围一般为开挖轮廓线外 4 ~8m,依据超前地质预报结果,可采用等厚注浆方案与不等厚注浆方案。不等厚注浆是指在靠近断层、溶腔、岩溶管道,或者裂隙极发育的一侧加固厚度选择 6 ~8m,在另一侧加固厚度选择 4 ~6m。大万山隧道在处理隧道突水时,采用了帷幕注浆方案。

(2)径向注浆。

径向注浆主要用于加固已开挖的隧道洞身,在处理隧道内中型、小型突(涌)水灾害时较为常见，其加固范围主要为 3～5m，主要用于封堵隧道围岩中的裂隙、层面与层面之间的节理裂隙，注浆导管采用直径 42mm 的热轧无缝钢管，其壁厚为 3.25mm，环向间距 1.0～2.0m，纵向间距 1.0～2.0m，梅花形布置。对隧道进行径向注浆时，一般采取不等厚、不等强的注浆方案。

(3)局部注浆。

局部注浆在处理隧道内小型突(涌)水灾害时较为常见，因为小型突(涌)水水量不会很大，所以一般先通过钻孔将水排出，然后进行局部注浆加固。依据灾害出现的位置，可在边墙、拱顶或者仰拱等处进行局部注浆，可采用直径 42mm 的热轧无缝钢管制作小导管，长度 3～4m，环向间距 1.0～1.5m，纵向间距 1.0～1.5m，梅花形布置，注浆顺序为从无水处向有水处注浆。

3)迂回绕行

当隧道内发生大型、特大型突(涌)水灾害时，涌水量特别大，难以直接处理，可以考虑采用迂回绕行方案，即修建迂回导坑，绕过危险区间，然后从两边对危险区间进行加固。如大支坪隧道施工至 PDK132 + 990 时受到降雨影响，隧道内最大涌水量为 40000m^3/h，后续处理时采用迂回绕行方案。迂回绕行方案在处理岩溶区隧道突(涌)水灾害时较为常见，在处理非溶岩地区突(涌)水灾害时较为少见，但是在非溶岩地区如果隧道施工至导水断层，并且断层与地表水连通，则也可以考虑采用迂回绕行方案。

处理隧道突水的措施还有释能降压技术，但该技术主要用于处理高压富水溶腔，在现有的研究中未见释能降压技术用于处治非溶岩地区的隧道突水。

4)斜井排水方案

在斜井施工到 K0 + 970 时，掌子面开始出现大股涌水，最大涌水量 170m^3/h，受喷浆料影响，水质呈碱性。为确保隧道围岩稳定和施工顺利掘进，需及时将涌水抽排至洞外，现场将掌子面积水汇至集水坑，用污水泵将积水抽至固定泵站一级沉淀池内，再流至二级沉淀池、三级沉淀池内，最后利用 140kW 水泵经排水管抽至洞外。斜井施工排水平面图如图 8-19所示。

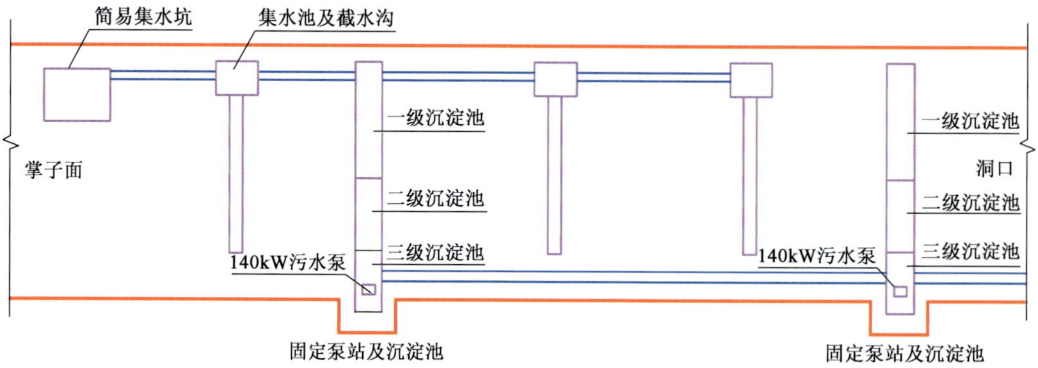

图 8-19　斜井施工排水平面图

(1)临近掌子面设置临时钢板围堰，在钢板围堰内放置 3 台 7.5kW 污水泵，将掌子面汇集的水抽排到临时集水坑(固定泵站到掌子面之间每隔 50m 设置一道临时截水沟及集水坑),临时集水坑内放置 1 台 30kW 污水泵,通过接力的方式将水抽排至固定泵站,固定泵站沉淀池立面图如图 8-20 所示。

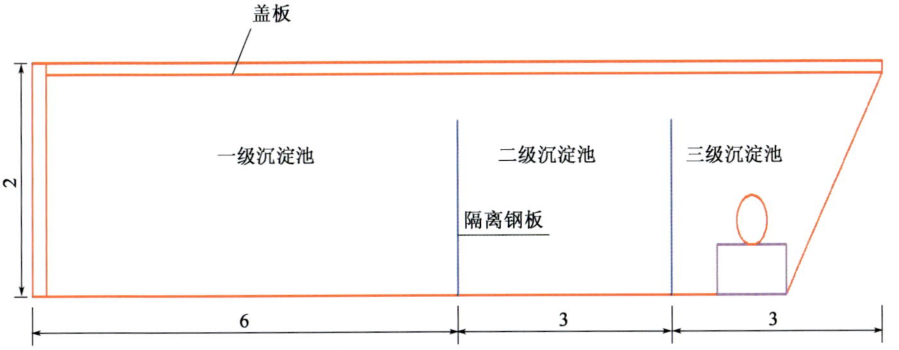

图 8-20　固定泵站沉淀池立面图(尺寸单位:m)

(2)在斜井洞口向内 600m 和 1000m 位置各设置 1 处固定抽水泵站,在三级沉淀区内放置 1 台工业级潜水排污泵(功率 140kW、流量 200m^3/h、扬程 100m)。

(3)固定泵站沉淀池自左向右分三个区域,分别为一级沉淀池、二级沉淀池、三级沉淀池(长度分别为 6m、3m、3m)。

(4)沉淀池之间用两块尺寸(长 × 宽 × 厚)1.5m × 1.55m × 1cm 的钢板进行隔离,钢板正反两侧焊接 10 号槽钢加强,防止变形,隔离钢板如图 8-21 所示。在钢板对应沟壁位置利用膨胀螺栓制作简易角钢抽拉槽,钢板上部焊接吊环,便于清理沉淀池内淤泥。一级沉淀池、二级沉淀池之间钢板为全封闭普通钢板,二级沉淀池、三级沉淀池之间钢板上钻孔,钢板外裹土工布一层,便于污水过滤渗透。

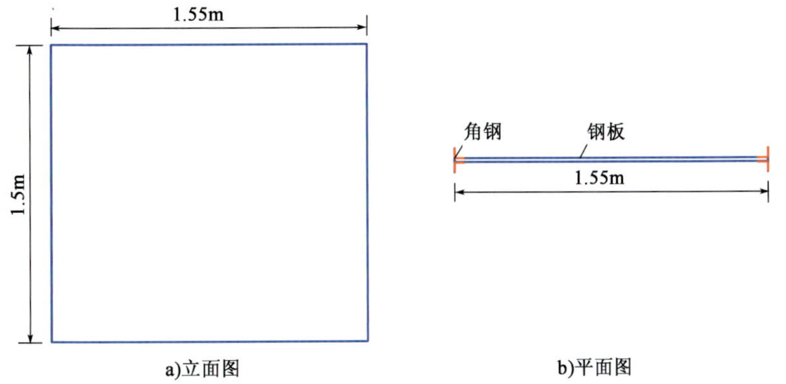

图 8-21　隔离钢板

(5)固定泵站沉淀池顶口利用 I16 工字钢焊接 1cm 钢板作为水沟盖板,顶面与斜井调平层顶面保持一致。

(6)掌子面向前掘进时根据现场出水量,提前预备 1 台 140kW 污水泵接直径 200mm 排水管,备齐电力,将水抽排到洞外。

(7)斜井洞口到二次衬砌台车中间,根据洞内出水点位置,在变坡平台上施作通长截水沟(长×宽×高为0.6m×0.6m×0.4m)流入上方集水坑(长×宽×高为1.2m×1.2m×1m),水集满后,通过排水管顺流到下方集水坑,如此循环,将水统一引排至固定泵站,抽排到洞外。斜井截水沟平面图如图8-22所示。

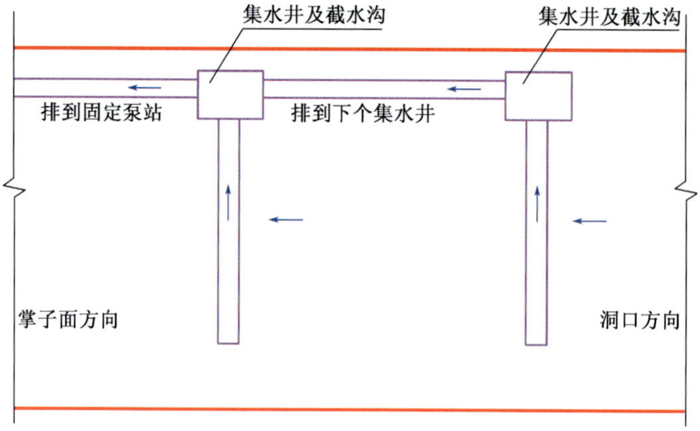

图8-22　斜井截水沟平面图

Chapter 09

第9章

隧道环境保护

随着国民经济的发展和人民生活质量的提高,我国已将保护环境列为基本国策,并提高到关系可持续发展的战略高度。就隧道工程方面而言,国家出台了许多法规,如《中华人民共和国水土保持法》《中华人民共和国大气污染防治法》《中华人民共和国水污染防治法》《中华人民共和国森林法》《中华人民共和国矿山安全法》等,各种法规中都有相关条例规定了如何保护环境、如何防止和防治污染,使我们有章可循。同时,对于破坏环境、损毁隧道行为的处罚,也有法可依。

隧道建设中诱发环境问题的原因主要包括以下五个方面:

(1)地下水循环体系的改变,包括水资源浪费、水资源的局部枯竭、围岩地下水位下降、水污染等。

(2)不注重隧道洞门的位置选择,造成植被破坏、山体滑坡等危害。

(3)施工期间噪声和振动影响施工人员的身心健康,给当地居民带来不良影响。

(4)施工期间烟尘和有害气体的排放。

(5)废渣的排放、森林的砍伐导致自然生态遭到破坏。

隧道工程的环境保护是个系统问题,涉及工程前期的勘察设计、中期的工程施工建设以及后期的运营管理,必须依照环境保护的各项法律法规来制定切实可行的环保措施,既要达到工程建设的目的,又要使工程与自然环境协调,及时预防各种污染和破坏环境的事故发生。

大万山隧道地处岚县与兴县交界的白龙山景区核心带,森林覆盖率较高,可达60%以上。沿白龙山向南延伸15km,即进入山西黑茶山国家级自然保护区核心区内。为保护好当地良好的生态环境,项目从勘察设计初期开始就针对噪声、空气污染、弃渣、水土流失、水污染处理及生态恢复等方面做出相应应对措施,始终贯彻"绿色公路"建设理念。

9.1 隧道勘察阶段的环境保护措施

在对建设项目工程进行可行性研究时,应做好环境影响报告及有关报表的编制,方便事先对环保工作的重点及各设计阶段应采取的措施加以明确,并做出相对应的工程设计,做到与主体工程同时设计、施工、投产。

就勘察阶段而言,在隧道位置选择时,不仅要考虑符合工程技术标准和拥有稳定的工程地质条件,也要考虑如何利用地形从而有利于环境保护。具体来说,首先避免大填大挖进洞,其次要尽可能减少对当地植被的破坏,最后要对当地的水文地质进行仔细调查,若发现存在对水文地质条件产生不利影响的路段,则应尽量改线避开。

就大万山隧道而言,隧道施工前,严格按照要求进行了水文地质勘察。在此基础上,在选择隧道位置时,不仅符合工程的技术标准,而且具备稳定的工程地质条件。除此之外,也利用地形条件对自然环境进行了保护,避免了大填大挖进洞,尽可能减少对植被的破坏。

9.2 隧道设计阶段的环境保护措施

隧道设计阶段的环境保护工作是根据工程自身特点和工程所处的地质条件采取相应的保护措施。主要包括以下五个方面：

(1)大万山隧道属于长大隧道，其隧道位置选择既服从了路线方向，也是在对地形、区域地质构造、工程水文地质条件进行详细论证，并做深入细致的技术经济比较后确定的。在可行性研究工作时期，将路线选择提升到重要位置，尽量避开了黑茶山保护区(黑茶山保护区是国家一级保护动物——褐马鸡的中心分布区之一)，并且避免对旅游风景区造成影响破坏。

(2)大万山隧道洞口选择在坡面稳定、地质条件好的位置，以避免山体坍塌、泥石流等灾害发生。因隧道洞口有坍方、落石等病害，隧道设计遵循早进洞、晚出洞的原则。大万山隧道洞口尽量避免了大开挖，减少破坏山体植被，保护了隧道周边自然环境。隧道洞身位置也选在地质结构简单、岩性较好的稳固地层中，避免通过断层、滑坡、崩坍、溶洞、陷穴及地下水丰富等地质不良地段，避免因造成山体大坍塌、地下水污染及地下水位降低等而破坏环境。

(3)在大万山隧道的防、排水设计中，贯彻“防、排、截、堵结合，因地制宜，综合治理”的原则。在采取排水措施的同时，又强调做到对隧址区原有地下水或者地面水不全部排走，以免对当地的农业灌溉和居民生活用水带来较大负面影响。地下水位的下降也会改变当地的自然环境，甚至出现房屋建筑物的不均匀沉降和地面开裂现象。同时，对排出的污水和污泥，包括施工的废油、废水和腐蚀性的水流，不允许随意排放，避免对附近河流产生影响。

(4)按照规范与实际情况进行隧道通风设计，做到隧道运营通车之后隧道内气体环境的安全，使驾驶人员和运营维护人员能够有安全的驾驶环境和工作环境。

(5)大万山照明设计满足相关规范要求，为相关人员提供安全的光环境，提高驾驶人员的行车舒适性，保证隧道的安全运营。

9.3 隧道施工阶段的环境保护措施

9.3.1 自然环境保护

隧道施工工程中不免会对自然环境产生扰动，如何降低或减少对环境的扰动成为主要问题。在施工过程中，大万山隧道各施工单位始终秉承“绿色公路”建设理念，从多方面做到

最大限度保护自然环境,主要包括以下九个方面:

(1)隧道洞口开挖时制订维护洞口稳定的具体措施,不采用大面积开挖措施以免破坏洞口土体稳定。隧道进洞前对边仰坡进行妥善防护或加固,及时做好截、排水沟,洞口施工宜避开雨季和融雪期。做好洞顶、洞门及洞口的防排水系统工程,并妥善处理好陷穴、裂缝,以免地面水侵蚀洞体周围,造成岩体破碎带坍塌。

(2)隧道出、入口洞门绿化以恢复性设计为主,利用当地常见的植物物种,在开挖影响区域内进行自然搭配种植,使恢复后景观尽可能趋近原有景观,以增强隧道工程与周围环境的协调。

(3)当隧道施工场地为农田时,在隧道施工之前将表层熟土剥离,堆至临时堆放点;待隧道施工结束后,重新将表层熟土归还原地,及时恢复农田。

(4)隧道工程施工期间,采石场应选择在距离农田和河流较远的地方,防止采石造成的灰尘对农作物和河流水质造成影响。另外,尽量减少或避免夜间采石放炮造成的噪声对当地居民的生活产生影响。

(5)隧道开挖石渣尽可能纵向调配,用作路基填料。硬质、优质石渣应在所设的石料加工场集中堆放,用于砌体工程或混凝土粗集料,不得不弃方的,应根据各工点的实际情况,集中堆放。弃方时,应做好植被保护。堆放时,应选好弃渣场地,做好坡脚挡墙防护,以防止洪水期冲走弃渣,形成人为泥石流;有条件的,还可在弃渣顶覆盖土层,复垦还田或种树造林。

(6)在拌和站附近新建碎石加工场,占地 10697m^2,其中生产车间占地 3694m^2,材料储存场地占地 7003m^2。碎石加工场设置破碎车间、筛分车间、存料场及办公生活设施等。碎石加工场的建设,有效缓解了地材供应难的状况,合理利用隧道弃渣,变废为宝,自给自足,在一定程度上满足了施工生产要求。

(7)拌和站设置罐车清洗砂石分离系统,分离处理废弃混凝土和污水。罐车就位后,触碰感应器,智能控制系统打开阀门清洗罐车,废渣流入进料槽,经砂石分离系统分离成碎石和砂,回收再利用;水泥浆通过污水槽进入沉淀池,经三级沉淀后循环利用,实现零污染排放。

(8)对洞口路堑边坡稳定性较差地段及隧道边仰坡,做永久防护(护坡)工程。

(9)做好施工场地竣工后的清理、绿化及复耕还田工作,保护自然环境。

9.3.2 水环境保护

大万山隧道裂隙水丰富,炸药残留、初支回弹混凝土都会在不同程度上导致隧道排水污染,并且不能依靠传统的物理沉淀方法进行处理。大万山隧道水质情况见表 9-1、表 9-2。

大万山隧道正洞进水水质 表 9-1

序号	样品编号	监测项目	单位	监测结果	标准值	单项判定
1	DB-20190429-2-1	高锰酸钾指数	mg/L	2.5	≤6	合格
2		溶解氧	mg/L	5.8	≥5	合格
3		化学需氧量(COD)	mg/L	16	≤20	合格
4		五日生化需氧量(BOD_5)	mg/L	4.6	≤4	不合格
5		pH	mg/L	11.65	6~9	不合格
6		氨氮	mg/L	1.50	≤1.0	不合格
7		铬(六价)	mg/L	0.010	≤0.05	合格
8		硫化物	mg/L	0.012	≤0.2	合格
9		阴离子表面活性剂	mg/L	0.077	≤0.2	合格
10		氰化物	mg/L	ND	≤0.2	合格
11		挥发酚类	mg/L	ND	≤0.005	合格
12		铜	mg/L	ND	≤1.0	合格
13		锌	mg/L	ND	≤1.0	合格
14		总磷	mg/L	0.03	≤0.2	合格
15		总氮	mg/L	5.37	≤1.0	不合格
16		氟化物	mg/L	3.07	≤1.0	不合格
17		粪大肠菌群	MPN/100ml	ND	≤10000	合格
18		汞	mg/L	ND	≤0.0001	合格
19		砷	mg/L	ND	≤0.05	合格
20		硒	mg/L	ND	≤0.01	合格
21		铅	mg/L	ND	≤0.05	合格

大万山隧道 1 号斜井进水水质 表 9-2

序号	样品编号	监测项目	单位	监测结果	标准值	单项判定
1	DB-2019040511-1-1	高锰酸钾指数	mg/L	1.4	≤6	合格
2		溶解氧	mg/L	5.0	≥5	合格
3		化学需氧量(COD)	mg/L	13	≤20	合格
4		五日生化需氧量(BOD_5)	mg/L	4.6	≤4	不合格
5		pH	mg/L	11.32	6~9	不合格
6		氨氮	mg/L	0.322	≤1.0	合格
7		铬(六价)	mg/L	0.007	≤0.05	合格
8		硫化物	mg/L	0.092	≤0.2	合格
9		阴离子表面活性剂	mg/L	0.073	≤0.2	合格
10		氰化物	mg/L	0.062	≤0.2	合格
11		挥发酚类	mg/L	ND	≤0.005	合格

续上表

序号	样品编号	监测项目	单位	监测结果	标准值	单项判定
12	DB-2019040511-1-1	铜	mg/L	ND	≤1.0	合格
13		锌	mg/L	ND	≤1.0	合格
14		总磷	mg/L	0.18	≤0.2	合格
15		总氮	mg/L	1.13	≤1.0	不合格
16		氟化物	mg/L	0.49	≤1.0	合格
17		粪大肠菌群	MPN/100ml	ND	≤10000	合格
18		汞	mg/L	ND	≤0.0001	合格
19		砷	mg/L	0.0004	≤0.05	合格
20		硒	mg/L	ND	≤0.01	合格
21		铅	mg/L	0.00104	≤0.05	合格

水质主要污染物指标达到《地表水环境质量标准》(GB 3838—2002)中Ⅲ类水水质标准,所以需要对其进行处理。Ⅲ类水水质标准见表9-3。

Ⅲ类水水质标准　　表9-3

序　号	项　目	单位	水质指标	备　注
1	pH值(无量纲)	mg/L	6~9	—
2	化学需氧量	mg/L	≤20	—
3	氨氮	mg/L	≤1.0	—
4	总氮	mg/L	≤1.0	—
5	总磷	mg/L	≤0.2	—
6	粪大肠菌群	个/L	≤10000	—
7	氟化物	mg/L	≤1	—

环保单位专家到现场研究分析后,编制了大万山隧道污水处理专项方案。具体方案内容如下所述。

1)编制说明

(1)编制依据。

①国务院《水污染防治行动计划》(国发〔2015〕17号)。

②《山西省水污染防治工作方案》(晋政发〔2015〕59号)。

③《山西省水污染防治目标责任书》和《水污染防治行动计划考核规定(试行)》(环水体〔2016〕179号)。

④《山西省水污染防治2017年行动计划》(晋政发〔2017〕35号)。

⑤《山西省水污染防治2018年行动计划》(晋政办发〔2018〕55号)。

⑥《地表水环境质量标准》(GB 3838—2002)。

⑦《生活饮用水卫生标准》(GB 5749—2006)。

⑧《城镇污水处理厂污染物排放标准》(GB 18918—2002)。

⑨《室外给水设计规范》(GB 50013—2006)(2011 年版)[①]。

⑩《室外排水设计规范》(GB 50014—2006)(2014 年版)[②]。

⑪《建筑给水排水设计规范》(GB 50015—2003)(2009 年版)[③]。

⑫《建筑设计防火规范》(GB 50016—2014)。

⑬《城镇污水再生利用工程设计规范》(GB 50335—2016)。

⑭《煤矿井下消防、洒水设计规范》(GB 50383—2016)。

⑮《混凝土结构设计规范》(GB 50010—2010)。

⑯《供配电系统设计规范》(GB 50052—2009)。

⑰《泵站设计规范》(GB 50265—2010)。

⑱山西省及当地环保部门规定的其他有关规程、规范及规定。

⑲现场调查收集和甲方提供的资料。

(2)编制原则。

①以国家和地方有关法律、法规和标准为准则,以污水处理系统工程进水水质特点为依据进行编制。

②采用技术先进可靠、经济合理、高效节能、操作简单的水处理工艺,确保提标改造项目处理效果,尽量减少占地面积、工程总投资和日常运行费用。

③在总图布置方面因地制宜,少占用地;同时保证提标改造项目处理设施与周围环境协调一致,最大限度地发挥建设项目的环境效益、经济效益和社会效益。

④尽量采用二次污染少、低噪声处理设施。

⑤采用成熟、可靠的控制系统,尽量减轻劳动强度,做到技术先进、经济合理。同时也要考虑设备的耐用性,以保证长时间免维修正常使用。

⑥提标改造系统中的设备应选用国内外先进节能优质产品,确保工程质量。

(3)编制范围。

本标段内的大万山隧道进口和 1 号斜井及大型临时设施生产生活用水。

2)污水处理施工工艺

根据现场水质实际情况资料及类似项目的运行经验和总结教训,采用以下处理工艺:大万山隧道正洞使用“加药沉淀 + 多介质过滤 + 反渗透”处理工艺(图 9-1);大万山隧道 1 号斜井使用“加药沉淀 + 多介质过滤”处理工艺(图 9-2)。

(1)大万山隧道正洞水处理规模为 2000m^3/d,即 100 m^3/h,按 110 m^3/h 设计。

生产废水经加药搅拌后进入沉淀池,污水经投加混凝剂后,其中悬浮物的胶体及分散颗粒在分子力的相互作用下生成絮状体且在沉降过程中互相碰撞凝聚,其尺寸和质量不断变

---

① 《室外给水设计规范》(GB 50013—2006)现已废止,现行标准为《室外给水设计标准》(GB 50013—2018),自 2019 年 8 月 1 日起施行。

② 《室外排水设计规范》(GB 50014—2006)现已废止,现行标准为《室外排水设计标准》(GB 50014—2021),自 2021 年 10 月 1 日起施行。

③ 《建筑给水排水设计规范》(GB 50015—2003)现已废止,现行标准为《建筑给水排水设计标准》(GB 50015—2019),自 2020 年 3 月 1 日起施行。

大,沉速不断增加。污水在沉淀池中沉淀后,上清液进入中间水池1中,再用泵提升进入多介质过滤器,多介质过滤器中以石英砂无烟煤作为过滤介质,在一定的压力下,把浊度较高的水通过一定厚度的粒状或非粒的石英砂过滤,有效截留除去水中的悬浮物、有机物、胶质颗粒、微生物、氯、嗅味及部分重金属离子等,最终达到降低水浊度、净化水质的目的,其出水进入中间水池2中。随后再用泵加压进入反渗透系统(RO系统),去除水中的硝酸盐和氟,RO产水达标排放。

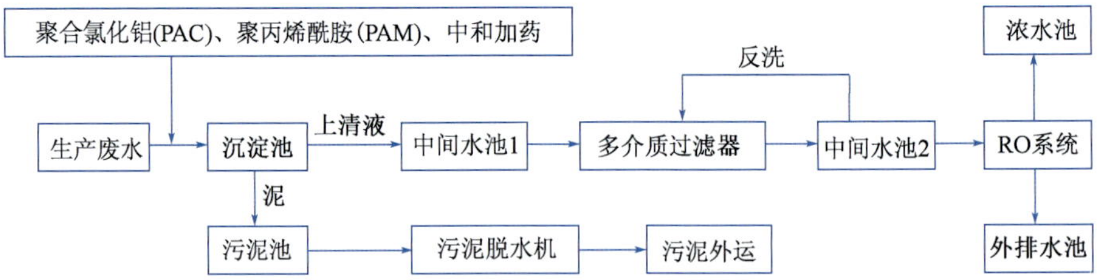

图9-1　大万山隧道正洞水处理工艺流程图

多介质过滤器反洗采用多介质过滤器产水,反洗排水排入沉淀调节池。RO浓水进入浓水池,用于生产洒水降尘。

沉淀池排泥排至污泥池,污泥在污泥池浓缩后进入污泥脱水机,经脱水后外运。

(2)大万山隧道1号斜井水处理规模为$2000m^3/d$,即$100m^3/h$,按$110m^3/h$设计。

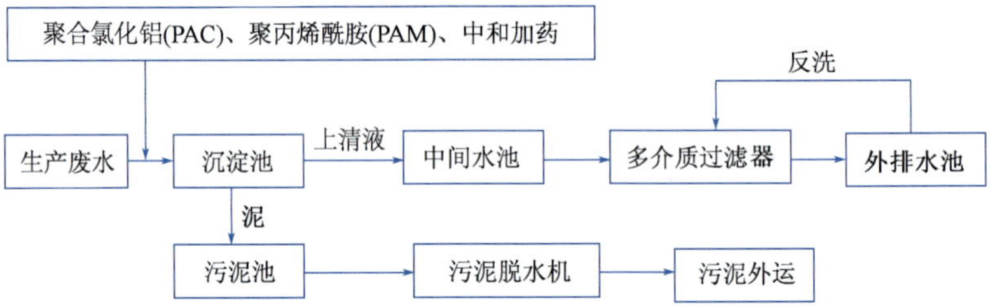

图9-2　大万山隧道1号斜井水处理工艺流程图

生产废水经加药搅拌后进入沉淀池,污水经投加混凝剂后,其中悬浮物的胶体及分散颗粒在分子力的相互作用下生成絮状体且在沉降过程中互相碰撞凝聚,其尺寸和质量不断变大,沉速不断增加。污水在沉淀池中沉淀后,上清液进入中间水池中,再用泵提升进入多介质过滤器,多介质过滤器中以石英砂无烟煤作为过滤介质,在一定的压力下,把浊度较高的水通过一定厚度的粒状或非粒的石英砂过滤,有效截留除去水中的悬浮物、有机物、胶质颗粒、微生物、氯、嗅味及部分重金属离子等,最终达到降低水浊度、净化水质的目的,其出水进入外排水池排放。

沉淀池排泥排至污泥池,污泥在污泥池浓缩后进入污泥脱水机,经脱水后外运。

3)建(构)筑物及设备

(1)大万山隧道正洞水处理系统主要建(构)筑物及设备见表9-4、表9-5。

大万山隧道正洞水处理系统主要建(构)筑物及其作用　　表 9-4

建(构)筑物名称	数量(座)	容积(m^3)	停留时间(h)	作　用
沉淀池	1	300	3	污水经管道加药输送进入沉淀池,在沉淀池将水中大量泥砂沉淀
中间水池 1(地埋钢-混凝土结构)	1	80	0.8	用以收集沉淀出水,起缓冲作用,其经提升泵提升至多介质过滤器
中间水池 2(地埋钢-混凝土结构)	1	80	0.8	用以收集多介质过滤器出水,起缓冲作用,其经提升泵提升至 RO 系统
外排水池(地埋钢-混凝土结构)	1	80	0.55	用以收集 RO 系统出水
浓水池(地埋钢-混凝土结构)	1	80		再生水池
污泥池(地埋钢-混凝土结构)	1	50		本系统运行时产生的污泥排入污泥池收集,再通过污泥池的污泥泵泵入离心脱水机脱水后外运
综合水处理车间	1	25×6		放置加药装置、多介质过滤器、RO 系统、RO 清洗配套设备等

大万山隧道正洞水处理系统的主要设备及型号　　表 9-5

设备名称	型　号	技术参数	数　量
加药装置	CYJY—1000	$V=1000L$	3 套
过滤提升泵	ZW60-25-11	$Q=60m^3/h, H=25m, N=11kW$	3 台(两用一备)
多介质过滤器	CYGL—60	$Q=60m^3/h$	2 台
过滤反洗泵	ZW60-25-11	$Q=60m^3/h, H=25m, N=11kW$	2 台
RO 系统提升泵	ZW60-25-11	$Q=60m^3/h, H=25m, N=11kW$	3 台(两用一备)
保安过滤器	ZWJM—60	$Q=60m^3/h$, 40 寸滤芯,50 支,精度 5μm	2 套
RO 系统	CYRO—50	$Q=50m^3/h$	2 套
RO 清洗系统	ROQX—3000	清洗药箱 3000L; 清洗泵 $Q=30m^3/h, H=25m, N=5.5kW$; 清洗保安过滤器 $Q=30m^3/h$	1 套
污泥泵	QW5-15-1.1	$Q=5m^3/h, H=15m, N=1.1kW$	2 台
离心脱水机	LW350W	$Q=5\sim8m^3/h$	1 台
污泥加药装置	CYJY—500X	$V=500L$	1 套

(2)大万山隧道 1 号斜井水处理系统主要建(构)筑物及设备见表 9-6、表 9-7。

大万山隧道1号斜井水处理系统主要建(构)筑物及其作用

表9-6

建(构)筑物名称	数量(座)	容积(m^3)	停留时间(h)	作用
沉淀池(半地埋钢-混凝土结构,现有改造)	1	1000	10	污水经管道加药输送进入沉淀池,在沉淀池将水中大量泥砂沉淀。本次改造在现有沉淀池上加设保温设施,在进沉淀池进端设置混合反应池
中间水池(地埋钢-混凝土结构)	1	80	0.8	用以收集沉淀出水,起缓冲作用,其经提升泵提升至多介质过滤器
外排水池(地埋钢-混凝土结构)	1	80	0.8	用以收集多介质过滤器出水
污泥池(地埋钢-混凝土结构)	1	80		本系统运行时产生的污泥排入污泥池收集,再通过污泥池的污泥泵泵入离心脱水机脱水后外运
综合水处理车间	1	20×5.1		放置加药装置、污泥处理设备等

大万山隧道1号斜井水处理系统的主要设备及型号

表9-7

设备名称	型号	技术参数	数量
加药装置	CYJY—1000	$V=1000L$	3套
过滤提升泵	ZW60-25-11	$Q=60m^3/h, H=25m, N=11kW$	3台(两用一备)
多介质过滤器	CYGL—60	$Q=60m^3/h$	2台
过滤反洗泵	ZW60-25-11	$Q=60m^3/h, H=25m, N=11kW$	2台
污泥泵	QW5-15-1.1	$Q=5m^3/h, H=15m, N=1.1kW$	2台
离心脱水机	LW350W	$Q=5\sim8m^3/h$	1台
污泥加药装置	CYJY—500X	$V=500L$	1套

4)资源配置

大万山隧道正洞和1号斜井水处理系统设备及材料配置见表9-8。

大万山隧道水处理系统设备及材料配置

表9-8

序号	名称	型号规格或技术参数	数量	单位	生产厂家	备注
大万山隧道正洞水处理系统(采用RO系统工艺)						
1	沉淀池填料	$\phi50$,PP	120	平方米	山西朝阳	
2	沉淀池进水搅拌器	$L=600$	3	台	山西朝阳	
3	加药装置	CYJY—500	3	台	山西朝阳	
4	过滤提升泵	$Q=60m^3/h, H=25m, N=11kW$	3	套	上海天泉或同等	
5	多介质过滤器	CYGL—60	2	台	山西朝阳	
6	反洗水泵	$Q=70m^3/h, H=25m, N=11kW$	2	台	上海天泉或同等	
7	RO系统提升泵	$Q=60m^3/h, H=25m, N=11kW$	3	台	上海天泉或同等	
8	保安过滤器	ZWJM—60	2	台	山西朝阳	

续上表

序号	名　　称	型号规格或技术参数	数量	单位	生 产 厂 家	备注
9	RO 系统	$Q=50m^3/h$	2	台	山西朝阳	
10	离心脱水机	LW350W	1	套	山西朝阳	
11	RO 清洗系统	ROQX—3000	1	套	山西朝阳	
12	污泥加药装置	CYJY—1000	1	套	山西朝阳	
13	污泥泵	$Q=5m^3/h, H=15m, N=1.1kW$	2	台	上海天泉或同等	
14	控制系统		1	台	山西朝阳	
15	管道阀门	国家标准	1	批	国产名牌	
16	电线电缆穿线管	国家标准	1	批	国产名牌	
17	安装费		1	项	山西朝阳	
大万山隧道 1 号斜井水处理系统						
18	沉淀池填料	$\phi50$,PP	120	平方米	山西朝阳	
19	沉淀池进水搅拌器	$L=800$	3	台	山西朝阳	
20	加药装置	CYJY—1000	3	台	山西朝阳	
21	过滤提升泵	$Q=60m^3/h, H=25m, N=11kW$	3	套	上海天泉或同等	
22	多介质过滤器	CYGL—60	2	台	山西朝阳	
23	反洗水泵	$Q=70m^3/h, H=25m, N=11kW$	2	台	上海天泉或同等	
24	离心脱水机	LW350W	1	套	山西朝阳	
25	污泥加药装置	CYJY—1000	1	套	山西朝阳	
26	污泥泵	$Q=5m^3/h, H=15m, N=1.1kW$	2	台	上海天泉或同等	
27	控制系统		1	台	山西朝阳	
28	管道阀门	国家标准	1	批	国产名牌	
29	电线电缆	国家标准	1	批	国产名牌	
30	安装费		1	项	山西朝阳	

9.3.3 隧道施工环境保护

大万山隧道施工中需要解决的主要问题是施工粉尘、有害气体和洞内温度对施工工作人员的影响。需要做好以下五个方面的工作：

(1)隧道内空气主要问题是施工粉尘、有害气体和洞内温度对施工工作人员的影响。为了保持洞内良好的施工环境，保护施工人员的身体健康，必须做好施工时的通风工作。大万山隧道根据隧道的长度安装通风设备，风机产生的噪声及隧道中废气的集中排放均符合环保的有关规定。

(2)隧道内降尘措施。施工防尘采用水幕降尘，在距离掌子面 30m 外边墙两侧各放 1 台水幕降尘器，爆破前 10 min 打开，放炮后 30 min 关闭。

(3)隧道喷射混凝土采用湿喷工艺,减少粉尘产生。隧道喷射混凝土材料选择要求:选用普通硅酸盐水泥,细度模数大于2.5的硬质洁净砂或粗砂,粒径5~12mm连续级配碎(卵)石,多利用洞口经处理后合格的水,尽量少用饮用水。喷射前,检查隧道断面尺寸,对欠挖部分及所有开裂、破碎、出水点、崩解的破损岩石进行清理和处理,清除浮石和墙脚虚碴,并用高压水或风冲洗岩面。喷头距岩面距离以1.5~2.0m为宜,喷头垂直喷面;喷初期支护钢架、钢筋网时,将喷头稍加偏斜,角度大于70°;喷射路线为先边墙后拱部,分区、分段S形运动,喷头做连续不断的圆周运动,后一圈压前圈1/3,螺旋状喷射。喷射混凝土作业采取分段、分块,先墙后拱、自下而上的顺序进行。喷射时,喷嘴做反复缓慢的螺旋形运动,螺旋直径20~30cm,以保证混凝土喷射密实。同时,掌握风压、水压及喷射距离,减少回弹量。

有水地段喷射混凝土应采取如下措施:当涌水点不多时,设置导管引排水后再喷射混凝土;当涌水量范围较大时,设置树枝状排水导管后再喷射混凝土;当涌水严重时,设置泄水孔,边排水边喷混凝土。增加水泥用量,改变配合比,喷混凝土由远而近逐渐向涌水点逼近,然后在涌水点安设导管,将水引出,再向导管附近喷混凝土。当岩面普遍渗水时,可先喷砂浆,并加大速凝剂掺量,初喷后再按原配合比施工。当局部出水量较大时,可先采用埋管、凿槽、做树枝状排水盲沟等措施,将水引导疏出后再喷混凝土。

(4)在保证安全的前提下,适当提高隧道内车辆最高限速,降低车辆通过隧道的时间,降低废气滞留时间,以便减少运输车辆对隧道内空气的污染。隧道内施工人员佩戴防毒面具,以提高自身防护。隧道工人及时倒班,避免人员在洞内工作时间过长。

(5)针对隧道施工噪声及震动,详尽调查隧道周围的工程地质构造,研究选择适当的爆破法,进行全程跟踪测量,实现爆破信息化施工。采用噪声低,震动小的施工方法及机械。对各种车辆和机械进行强制性的定期保养维护,以减少因机械故障等原因产生的附加噪声与震动。对隧道内的爆破噪声,采取的对策是在洞口等设置隔音门、空气通道等。

9.4 隧道运营阶段的环境保护措施

隧道后期运营是一个长时间的过程,更要注意对环境的保护,需要做到以下4点:

(1)对隧道通风系统和照明系统及时进行维护,保证设备的安全有效运行,避免产生隧道内部噪声和烟雾污染。

(2)隧道运营期间的漏水和涌水要及时排放,以免对行车安全造成危害,并影响养护人员身体健康。

(3)在现代公路长大隧道中,附属设备很多,如通风、照明、供电、消防、收费、监控、通信、广播、灯箱标志等,这些多属于机电设施,需要工作人员时时对其进行管理和维护,使这些隧道的"耳目"发挥指挥交通和保障车辆快速、安全通行的作用。为了管好这类设施,在隧道附近需要设有固定管理场所,以便管理人员生活和工作。

(4)严格执行危险品运输的相关法律法规,要求车辆必须取得危险品货物运输准运证,同时运输车辆应有明显标志,增强危险品货物运输车辆驾驶员的安全意识;严禁危险品货物运输车辆驾驶员超速行驶,严禁车辆在隧道内停靠,以防止和杜绝有毒有害危险品货物运输过程中的恶性事故发生。

Chapter 10

第10章

隧道风险评估与风险控制措施

隧道及地下工程涉及众多的不确定性和不确知性，因而在建设阶段存在很大的技术风险。人为或非人为因素导致的工程事故会带来巨大的经济损失，对社会产生严重的不良影响。近十多年来，此类事故在国内频频发生（表10-1），使人们尤其是工程建设者深刻认识到在隧道及地下工程建设中所面临的巨大挑战。

国内部分类似隧道工程事故统计　　表10-1

时间（年）	隧道名	事故原因	死亡人数	受伤人数
2010	南广高铁白云隧道	突水突泥	5	4
2010	石武客专胡北段木兰隧道	塌方	2	2
2011	大连市胜利路东段南山隧道	塌方	0	12
2011	大连地铁201标段	塌方	1	0
2012	炎陵县隧道	炸药爆炸	20	2
2014	小盘岭1号隧道	坍塌	0	12
2014	南宁地铁1号线鲁班路站至动物园站区间左线隧道	坍塌	1	0
2014	黄延高速公路扩能工程第13合同段墩梁隧道	坍塌	3	1
2017	贵州省成贵铁路七扇岩隧道	爆炸	12	12
2017	大临铁路4标红豆山隧道1号斜井	爆炸	6	0
2018	广东省佛山市轨道交通2号线一期工程	透水坍塌	11	8
2018	贵南客专朝阳隧道K170+671处	透水事故	2	1
2019	云凤高速公路安石隧道出口处	突泥涌水	12	10

大万山隧道建设规模大、技术新颖、建设持续时间长、参建单位多，且地形、地质条件复杂。因此，必须建立科学合理的工程风险评估和防范体制，建立健全工程风险评估和风险管理体系，用全面、系统、科学的风险评估和风险管理手段，确保能在第一时间了解、掌握工程建设过程中不同阶段的第一手资料，提高工程风险的预测和防控能力，避免重大事故的发生，使工程风险降到最低限度。

10.1 风险管理基本理论

10.1.1 风险的定义

“风险”即是指“人员和财产的损失或伤害的可能性”。在对已有事件的观察中，不难发现，在工程事故发生之前，工程已处在一种不安全的状态，即已存在危险的潜在因素。当工程的内部和外部条件构成完备的事故链，便激发为事故。事故发生的后果引起了各种损失，这些损失主要包括人身伤害、财产损失、工期延误和环境破坏等诸多方面。

工程事故发生的概率有多大，什么时候会发出什么样的信号，可能导致的损失有多大，这些在事故发生前都很难度量。因而，描述风险的大小必须包含两个方面：事故发生的可能性的大小，即概率；后果的严重程度，即损失。理论上，风险 R 的度量，以如下公式表达：

$$R = f(p,c) \tag{10-1}$$

这是一个极为复杂的非线性函数，风险值的真正确定不仅仅与工程学科有关，其影响因素可能与整个社会都存在联系。而在工程实际应用中，常把公式中的风险函数简单地处理为概率(p)与损失(c)的乘积。

10.1.2 风险分析与评估的主要方法

1)作业条件危险性评价法

作业条件危险性评价法(LEC 法)是作业人员在具有潜在危险性环境中进行作业时的一种危险性半定量评价方法。它是由美国人格雷厄姆(K. J. Graham)和金尼(G. F. Kinney)提出的。他们认为，影响作业条件危险性的因素是 L(事故发生的可能性)、E(人员暴露于危险环境中的频繁程度)和 C(一旦发生事故可能造成的后果)。

作业条件危险性评价法(LEC 法)的评价步骤如下：

(1)以类比作业条件比较为基础，由熟悉类比条件的设备、生产、安技人员组成专家组。

(2)对于一个具有潜在危险性的作业条件，确定事故的类型，找出影响危险性的主要因素：发生事故的可能性大小；人体暴露在这种危险环境中的频繁程度；一旦发生事故可能会造成的损失后果。

(3)由专家组成员按规定标准对 L、E、C 分别评分，取分值集的平均值作为 L、E、C 的计算分值，用计算的危险性分值(D)来评价作业条件的危险性等级。用公式表示为：

$$D = L \times E \times C \tag{10-2}$$

式中：L——发生事故的可能性大小，取值见表 10-2；

E——人员暴露于危险环境中的频繁程度，取值见表 10-3；

C——事故造成的后果，取值见表 10-4；

D——危险性分值，也可称为风险值，为确定危险等级的划分标准，见表 10-5。

一般情况下，事故发生的可能性越大，风险越大；人员暴露于危险环境中的频繁程度越高，风险越大；事故造成的后果越严重，风险越大。运用作业条件危险性评价法(LEC 法)进行分析时，危险等级为 1 级、2 级的，可确定为属于可接受的风险；危险等级为 3 级、4 级、5 级的，则确定为属于不可接受的风险。

事故发生的可能性分值(L) 表 10-2

分数值(分)	10	6	3	1	0.5	0.2	0.1
事故发生的可能性	完全会被预料到	相当可能	可能，但不经常	完全意外，很少可能	可以设想，很少可能	极不可能	实际上不可能

人员暴露于危险环境中的频繁程度分值(*E*)　　表 10-3

分数值(分)	10	6	3	2	1	0.5
人员暴露于危险环境中的频繁程度	连续暴露	每天工作时间内暴露	每周一次或偶然暴露	每月一次暴露	每年几次暴露	非常罕见暴露

事故造成的后果分值(*C*)　　表 10-4

分数值(分)	100	40	15	7	3	1
事故造成的后果	10 人以上死亡	数人死亡	1 人死亡	严重伤残	有伤残	轻伤,需救护

危险等级划分标准　　表 10-5

危险性分值 *D*	[320, +∞)	[160,320)	[70,160)	[20,70)	(0,20)
危险程度	极度危险,不能继续作业	高度危险,需要整改	显著危险,需要整改	比较危险,需要注意	稍有危险,可以接受
危险等级	5 级	4 级	3 级	2 级	1 级

2)风险矩阵法

风险矩阵法是通过选择关键工艺装置或风险区域,选择评价单元的风险规模和属性,编制风险矩阵表,提出风险改善措施。风险矩阵法能通过定性分析和定量分析综合考虑风险影响和风险概率两方面的因素,对风险因素对项目的影响进行评估。

按照事故发生的可能性、事故后果严重程度建立风险矩阵表。表 10-6 ~ 表 10-8 为事故发生可能性、人员伤亡和直接经济损失等级分级表。

事故发生可能性等级标准　　表 10-6

概率范围	中心值	概率等级描述	概率等级
[0.3,1]	1	很可能	4 级
[0.03,0.3)	0.1	可能	3 级
[0.003,0.03)	0.01	偶然	2 级
(0,0.003)	0.001	不太可能	1 级

注:①当概率值难以取得时,可用频率代替概率;
②中心值代表所给区间的对数平均值。

人员伤亡等级标准　　表 10-7

等级	1 级	2 级	3 级	4 级
定性描述	一般	较大	重大	特大
人员伤亡	人员死亡(含失踪)人数<3 或重伤人数<10	3≤人员死亡(含失踪)人数<10 或 10≤重伤人数<50	10≤人员死亡(含失踪)人数<30 或 50≤重伤人数<100	人员死亡(含失踪)人数≥30 或重伤人数≥100

注:人员伤亡是指在施工活动过程中人员所发生的伤亡,依据人员伤亡的类别和严重程度进行分级。

直接经济损失等级标准　　表 10-8

等级	1 级	2 级	3 级	4 级
定性描述	一般	较大	重大	特大
直接经济损失(Z,万元)	$Z<10$	$10\leqslant Z<50$	$50\leqslant Z<500$	$Z\geqslant 500$

注:直接经济损失是指事故发生后造成工程项目发生的各种费用总和,包括直接费用和事故处理所需(不含恢复重建)的各种费用。

根据《公路桥梁和隧道工程施工安全风险评估指南(试行)》(2011 年 5 月)要求,结合风险矩阵法,建立专项风险等级标准,见表 10-9。

专项风险等级标准　　表 10-9

可能性等级		风险等级			
		一般	较大	重大	特大
		1 级	2 级	3 级	4 级
很可能	4 级	高度Ⅲ级	高度Ⅲ级	极高Ⅳ级	极高Ⅳ级
可能	3 级	中度Ⅱ级	高度Ⅲ级	高度Ⅲ级	极高Ⅳ级
偶然	2 级	中度Ⅱ级	中度Ⅱ级	高度Ⅲ级	高度Ⅲ级
不太可能	1 级	低度Ⅰ级	中度Ⅱ级	中度Ⅱ级	高度Ⅲ级

专项风险分为四个等级:低度(Ⅰ级)、中度(Ⅱ级)、高度(Ⅲ级)、极高(Ⅳ级)。

低度(Ⅰ级)表示有一般危险,需要注意;中度(Ⅱ级)表示有显著风险,需加强管理不断改进;高度(Ⅲ级)表示有高度风险,需制订风险消减措施;极高(Ⅳ级)表示极高风险,为不可忍受风险,需纳入目标管理或制订管理方案。

3)专家调查法

专家调查法是一种最常用、最简单易用的方法。它的应用由两步组成:首先,辨识出某一特定项目可能遇到的所有风险,列出风险调查表;其次,利用专家经验对可能的风险因素的重要性进行评价,综合成整个项目风险。具体步骤如下:

(1)确定每个风险因素的权重,以表征其对项目风险的影响程度。

(2)确定每个风险因素的等级值,如按可能性很大、比较大、中等、不大、较小 5 个等级,分别以 1.0、0.8、0.6、0.4 和 0.2 打分。

(3)将每项风险因素的权重与等级值相乘,求出该项风险因素的得分,综合求出该项目风险因素的总分。显然,总分越高,说明风险越大。

4)指标体系法

本评估为专项风险评估。重大风险源估测采用的是指标体系法,为定量评估方法的一种,是将专家经验进行凝练、总结,提供一套相对科学合理、施工现场技术人员能掌握的方法,解决公路工程数量多覆盖面广、安全评估专家少的实际困难。

定量分析方法的思想是对构成风险的各个要素和潜在损失的水平赋予数值或货币金额,当度量风险的所有要素都被赋值,风险评估的整个过程和结果就都可以被量化了。例如蒙特卡罗法等,主要回答有多少方面的问题。理论上看,通过定量分析可以对安全风险进行准确的分级,但这有个前提,那就是可供参考的数据指标是准确的;可事实上,在工程实际中,定量分析所依据的数据的可靠性是很难保证的,再加上数据统计缺乏长期性,计算过程又极易出错,这就给分析的细化带来了很大困难。因此,目前工程实际应用中的风险分析,采用定量分析或者纯定量分析方法的已较少。

10.1.3 工程项目风险管理的一般步骤

在执行风险管理的过程中,应注重危险的识别,这是风险的来源。在设计考虑期间要用危险发生的概率和后果的严重程度对风险进行评估。工程对风险的具体反应根据它对工程的目标、安全和性能的影响程度而决定。在制订风险管理文件时,其中的一个重点是如何在施工期间把这些风险排除、弱化或使其可控。因此,在实际工程运用中,风险管理一般包括5个步骤,即风险辨识、风险估计、风险评价、风险控制和风险监控。

1)风险辨识

风险辨识是整个风险管理系统的基础。风险辨识是从系统的观点出发,横观工程项目所涉及的各个方面,纵观项目建设的发展过程,将复杂的事物分解成比较简单的、容易识别的基本单元,对潜在的和客观存在的各种风险进行系统、连续的识别和归类,并分析产生风险事故原因的过程。风险辨识的目的是帮助决策者发现风险和识别风险,为决策减少损失,提高决策的科学性、安全性和稳定性。

2)风险估计

风险估计就是对识别的风险进行估计,形成一个不确定性模型,应用合适的风险分析技术,通过定量、定性或两者结合的方式,估计潜在损失的规模和损失发生的可能性,估计和预测风险发生的可能性(风险概率)和相应损失的严重性、大小(风险后果),以便评价各种潜在损失的相对重要性,从而为风险管理决策提供依据。

3)风险评价

风险评价是指在工程辨识和估计的基础上,综合考虑风险属性、风险管理的目标和风险主体的风险承受能力,确定风险处置措施对系统的影响程度的工作。常见的有定性和定量两种评价方法。

4)风险控制

风险控制是风险管理的重要组成部分,其实质是在风险辨识、风险估计、风险评价等风险分析的基础上,针对工程项目施工可能存在的风险因素,积极采取控制技术以清除风险因素或降低风险的危险性。也就是说,在事故发生之前,降低事故发生的可能性;在事故发生时,将损失减少到最低限度,从而达到降低风险损失的目的。

5)风险监控

风险监控是指通过对项目风险发展变化的观察和把握,评估风险危险程度与风险处理策略和措施的效果,并针对出现的问题及时采取措施的过程。在项目实施过程中,风险会不断发生变化,可能会出现许多未预料到的新情况,因此必须定期反复地随着工程项目的进展,密切跟踪已识别的风险和识别新的风险,进行风险辨识、风险分析与评估细化风险控制措施,分析工程项目目标的实现程度,以及根据风险因素的变化采取相应的措施,及时修改风险控制计划,实现消除和减轻风险的目标。

10.2 大万山隧道风险评估

10.2.1 总体风险评估

1)评估思路

(1)结合项目实际,遵循《公路桥梁和隧道工程施工安全风险评估指南(试行)》(2011年5月)要求,建立评估体系。

(2)根据项目情况,参照评估体系,选择合适的分值。

(3)建立评估等级,并确定项目的等级。

2)建立风险评估体系

隧道工程施工安全总体风险评估主要考虑隧道地质条件、建设规模、气候与地形条件等评估指标,建立总体风险评估指标体系(表10-10)。

隧道工程总体风险评估指标体系　　表10-10

<table>
<tr><th>评估指标</th><th colspan="2">分　类</th><th>分值</th><th>说　明</th></tr>
<tr><td rowspan="10">地质 $G=a+b+c$</td><td rowspan="4">围岩情况 a</td><td>①Ⅴ级、Ⅵ级围岩长度占全隧长度70%(含70%)以上</td><td>4～5</td><td rowspan="10">根据设计文件和施工实际情况确定</td></tr>
<tr><td>②Ⅴ级、Ⅵ级围岩长度占全隧长度40%(含40%)以上、70%以下</td><td>3</td></tr>
<tr><td>③Ⅴ级、Ⅵ级围岩长度占全隧长度20%(含20%)以上、40%以下</td><td>2</td></tr>
<tr><td>④Ⅴ级、Ⅵ级围岩长度占全隧长度20%以下</td><td>1</td></tr>
<tr><td rowspan="3">瓦斯含量 b</td><td>①隧道洞身穿越瓦斯地层</td><td>2～3</td></tr>
<tr><td>②隧道洞身附近可能存在瓦斯地层</td><td>1</td></tr>
<tr><td>③隧道施工区域不会出现瓦斯</td><td>0</td></tr>
<tr><td rowspan="3">富水情况 c</td><td>①隧道全程存在可能发生涌水突泥的地质</td><td>2～3</td></tr>
<tr><td>②有部分存在可能发生涌水突泥的地质</td><td>1</td></tr>
<tr><td>③无可能发生涌水突泥的地质</td><td>0</td></tr>
</table>

续上表

评估指标	分类	分值	说明
开挖段面 A	①特大断面(单洞四车道隧道)	4	
	②大断面(单洞三车道隧道)	3	
	③中断面(单洞两车道隧道)	2	
	④小断面(单洞单车道隧道)	1	
隧道全长 L	①特长隧道(长度3000m及以上)	4	
	②长隧道(长度大于或者等于1000m、小于3000m)	3	
	③中隧道(长度大于或者等于500m、小于1000m)	2	
	④短隧道(长度小于500m)	1	
洞口形式 S	①竖井	3	
	②斜井	2	
	③水平洞	1	
洞口特征 C	①隧道进口施工困难	2	从施工便道难易、地形特点等方面考虑
	②隧道进口施工较容易	1	

注:表中 G、A、L、S、C 为指标对应英文表述首字母,a、b、c 为临时赋值,余下表同。

隧道工程施工安全总体风险分级标准见表10-11。

隧道工程施工安全总体风险分级标准　　表10-11

风险等级	计算分值 R
等级Ⅳ(极高风险)	22分及以上
等级Ⅲ(高度风险)	14~21分
等级Ⅱ(中度风险)	7~13分
等级Ⅰ(低度风险)	0~6分

10.2.2 总体风险评估结论

土建3合同段大万山隧道工程左线、右线总体风险评估指标赋值见表10-12、表10-13。

土建3合同段大万山隧道工程左线总体风险评估指标赋值　　表10-12

评估指标	分类		分值	得分	说明
地质 $G=a+b+c$	围岩情况 a	①Ⅴ级、Ⅵ级围岩长度占全隧长度70%(含70%)以上	4~5	1	Ⅴ级围岩所占比例约8.37%
		②Ⅴ级、Ⅵ级围岩长度占全隧长度40%(含40%)以上、70%以下	3		
		③Ⅴ级、Ⅵ级围岩长度占全隧长度20%(含20%)以上、40%以下	2		

续上表

评估指标	分类		分值	得分	说明
地质 $G=a+b+c$	围岩情况 a	④Ⅴ级、Ⅵ级围岩长度占全隧长度20%以下	1	1	Ⅴ级围岩所占比例约8.37%
	瓦斯含量 b	①隧道洞身穿越瓦斯地层	2~3	0	不存在瓦斯地层
		②隧道洞身附近可能存在瓦斯地层	1		
		③隧道施工区域不会出现瓦斯	0		
	富水情况 c	①隧道全程存在可能发生涌水突泥的地质	2~3	1	开挖时可能会有透水、涌水现象
		②有部分存在可能发生涌水突泥的地质	1		
		③无可能发生涌水突泥的地质	0		
开挖段面 A	①特大断面(单洞四车道隧道)		4	2	中断面(单洞两车道隧道)
	②大断面(单洞三车道隧道)		3		
	③中断面(单洞两车道隧道)		2		
	④小断面(单洞单车道隧道)		1		
隧道全长 L	①特长隧道(长度3000m及以上)		4	4	特长隧道(5185m)
	②长隧道(长度大于或者等于1000m、小于3000m)		3		
	③中隧道(长度大于或者等于500m、小于1000m)		2		
	④短隧道(长度小于500m)		1		
洞口形式 S	①竖井		3	1	水平洞
	②斜井		2		
	③水平洞		1		
洞口特征 C	①隧道进口施工困难		2	2	进口施工困难
	②隧道进口施工较容易		1		
总得分 $R=G\times(A+L+S+C)=(a+b+c)\times(A+L+S+C)$				18	

土建3合同段大万山隧道工程右线总体风险评估指标赋值 表10-13

评估指标	分类		分值	得分	说明
地质 $G=a+b+c$	围岩情况 a	①Ⅴ级、Ⅵ级围岩长度占全隧长度70%(含70%)以上	4~5	1	Ⅴ级围岩所占比例约6.38%
		②Ⅴ级、Ⅵ级围岩长度占全隧长度40%(含40%)以上、70%以下	3		
		③Ⅴ级、Ⅵ级围岩长度占全隧长度20%(含20%)以上、40%以下	2		
		④Ⅴ级、Ⅵ级围岩长度占全隧长度20%以下	1		
	瓦斯含量 b	①隧道洞身穿越瓦斯地层	2~3	0	不存在瓦斯地层
		②隧道洞身附近可能存在瓦斯地层	1		

续上表

评估指标	分类		分值	得分	说明
地质 $G=a+b+c$	瓦斯含量 b	③隧道施工区域不会出现瓦斯	0	0	不存在瓦斯地层
	富水情况 c	①隧道全程存在可能发生涌水突泥的地质	2~3	1	开挖时可能会有透水、涌水现象
		②有部分存在可能发生涌水突泥的地质	1		
		③无可能发生涌水突泥的地质	0		
开挖段面 A	①特大断面(单洞四车道隧道)		4	2	中断面(单洞两车道隧道)
	②大断面(单洞三车道隧道)		3		
	③中断面(单洞两车道隧道)		2		
	④小断面(单洞单车道隧道)		1		
隧道全长 L	①特长隧道(长度3000m及以上)		4	4	特长隧道(5202m)
	②长隧道(长度大于或者等于1000m、小于3000m)		3		
	③中隧道(长度大于或者等于500m、小于1000m)		2		
	④短隧道(长度小于500m)		1		
洞口形式 S	①竖井		3	1	水平洞
	②斜井		2		
	③水平洞		1		
洞口特征 C	①隧道进口施工困难		2	2	进口施工困难
	②隧道进口施工较容易		1		
总得分 $R=G\times(A+L+S+C)=(a+b+c)\times(A+L+S+C)$				18	

由表10-12、表10-13可以看出,土建3合同段大万山隧道工程左线、右线施工安全总体风险等级为Ⅲ级(高度风险),见表10-14。

隧道工程总体风险评估结果　　表10-14

序号	隧道名称	计算分值	风险等级	评估理由
1	大万山隧道左线	18	Ⅲ级(高度风险)	指标体系法
2	大万山隧道右线	18	Ⅲ级(高度风险)	指标体系法

10.2.3　重大风险源评估结论

结合《公路桥梁和隧道工程施工安全风险评估指南(试行)》中的评估方法,对隧道重点风险源进行评估,评估结果见表10-15。

大万山隧道重大风险源等级汇总

表 10-15

重大风险源	事故导致可能性	严重程度等级		风险等级	评定理由	备注
		人员伤亡	经济损失			
坍塌事故	2 级	2 级	2 级	中度Ⅱ级	指标体系法、风险矩阵法	大万山隧道斜井Ⅳ级围岩区段、Ⅲ级围岩区段，大万山隧道竖井Ⅴ级围岩区段、Ⅳ级围岩区段、Ⅲ级围岩区段
	3 级	2 级	2 级	高度Ⅲ级	指标体系法、风险矩阵法	大万山隧道左线、大万山隧道右线Ⅴ级围岩区段、Ⅳ级围岩区段、Ⅲ级围岩区段，大万山隧道斜井Ⅴ级围岩区段
岩爆事故	3 级	2 级	2 级	高度Ⅲ级	专家调查法、风险矩阵法	大万山隧道左线、大万山隧道右线、大万山隧道斜井、大万山隧道竖井
洞口失稳事故	2 级	2 级	2 级	中度Ⅱ级	指标体系法、风险矩阵法	大万山隧道左线、大万山隧道右线、大万山隧道斜井、大万山隧道竖井
涌水突泥事故	1 级	3 级	3 级	中度Ⅱ级	指标体系法、风险矩阵法	大万山隧道斜井
	1 级	2 级	2 级	中度Ⅱ级	指标体系法、风险矩阵法	大万山隧道竖井
	2 级	3 级	3 级	高度Ⅲ级	指标体系法、风险矩阵法	大万山隧道左线、大万山隧道右线

10.3 大万山隧道重大风险源控制措施

大万山隧道的重大风险源主要包括洞口失稳事故、坍塌事故、涌水突泥事故、岩爆事故，其相应的控制措施见表 10-16 ~ 表 10-19。

洞口失稳控制措施

表 10-16

序号	作业内容	控制措施
1	监控量测	增加地表下沉监控量测频率，分析洞口变形发展趋势
2	开挖	控制开挖量等，减少围岩扰动。 超前支护应及时到位，严格按照设计施工，中间围岩开挖后及时封闭初期支护；临时支撑拆除后，及时施作二次衬砌；同时在施工过程中，加强第三方监控量测，做到及时预测预警。 采用合理的开挖面高度，第一步开挖的台阶高度不宜超过 1/3 的开挖高度

续上表

序号	作业内容	控制措施
3	支护	加强超前支护,提高支护结构整体性,对洞口考虑到后期拆除临时支撑后初期支护稳定性,建议加强围岩初期支护的强度,拱脚设置锁脚锚杆,并控制锁脚锚杆的施工质量,二次衬砌跟紧。 支护结构脚部处理,提高地基承载力
4	排水	洞口顶部做好防排水处理

坍塌控制措施　表10-17

序号	作业内容	控制措施
1	开挖方式	严格按照设计要求,禁止超挖、欠挖
2	清除危石	应分段仔细检查爆破段并清除危石。 钻孔作业前后、爆破后、废渣处理时及处理后,仔细检查去除危石
3	钢拱架支护	台阶法开挖时,保证锁脚锚管的施工质量以及钢拱架的搭接施工及时封闭。 使用适合围岩条件的底板、垫板
4	初喷	开挖后迅速喷射混凝土
5	监控量测	根据地质条件和施工情况选择监控量测。 增加监控量测频度。 根据监控量测、观察的结果,当变形超过允许值时,应采取有效的加固措施
6	二次衬砌	二次衬砌在浇筑过程中,振捣密实,拱部预留注浆孔及时补浆,养护要到位;保证二次衬砌的施工质量、强度与厚度
7	防坍塌培训	坍塌事故的危险性。 防止事故发生的对策及注意事项。 坍塌来临时的预兆和发生险情时的应急措施

隧道涌水突泥事故控制措施　表10-18

序号	作业内容	控制措施
1	开挖作业	进行短距离钻孔。根据需要讨论是否设置集水坑、帷幕注浆。根据需要测量洞内的涌水量、地下水位、水质的变化等情况。 根据需要采用调查现有水井或观测井的方法测量地下水位及水质。根据需要连续调查开挖面的地层变化并进行图示。 明确测量结果的联络及报告机制。 记录并整理施工中各项测量结果,根据数据把握涌水的危险度
2	警报	应设置发生紧急情况的报警装置。 制定警报的标准、拉响警报时的行动要求,并向相关人员公示

续上表

序号	作业内容	控制措施
3	应急措施	应将紧急情况下使用的器械设置在必要的位置上，并将其位置及使用方法通知相关人员。 根据预测涌水量、隧道断面面积、隧道长度、坡度等因素，设置有充分排水能力的排水设备。 进行紧急情况避险训练。 进行紧急情况人员救护训练
4	防涌水培训	培训围绕下列内容：涌水的危险性、防止事故发生的措施及注意事项、检查方法、发生紧急情况时的对策

具体岩爆处治措施 表 10-19

岩爆等级	辅助措施	衬砌类型	爆破孔深度控制
Ⅰ级（微弱岩爆）	掌子面和洞壁喷洒水 + 施打应力释放孔	S3 型	3m 以内
Ⅱ级（中等岩爆）	掌子面和洞壁喷洒水 + 封闭掌子面 + 应力释放 + 应力释放孔注水	S3 型（喷混凝土采用钢纤维混凝土）	2.5m 以内
Ⅲ级（强烈岩爆）	掌子面和洞壁喷洒水 + 封闭掌子面 + 掌子面超前锚杆加固 + 应力释放 + 应力释放孔注水	S3J 型（喷混凝土采用钢纤维混凝土、增设格栅拱架）	1.5m 以内

Chapter 11

第11章

隧道施工管理

11.1 进度管理

11.1.1 进度目标

大万山隧道业主要求48个月竣工。

11.1.2 进度保证体系

结合工程特点和建设单位的实际情况,为使施工进度计划和工期目标保证实现,组建精干高效的工程指挥机构,建立工期进度保证体系,精心组织,精心施工,确保优质、高效、快速、有序地完成合同项目。

工期保证体系框图如图11-1所示。

11.1.3 保证进度的主要措施

1)科学计划和组织施工

开工前组织精干人员进场进行全面的施工现场调查,在获取现场详细第一手资料的基础上,认真编制实施性施工组织设计。密切结合本工程设计、现场环境、气候、资源条件等实际情况,科学比选,制定科学的施工方案,合理安排施工工期,均衡有序地组织施工,确保施工节点工期和总工期目标的实现。

针对工程特点,项目部组织充足的劳动力,并制订春节、劳动节、国庆节等特殊节假日劳动力保证计划,制定特殊节假日劳动力使用奖励机制,保证工程施工的劳动力供应。

2)组建高效的生产指挥系统

抽调责任心强、技术过硬、经验丰富、善于管理的骨干人员组建高效的生产指挥系统,按照目标分解和责任分工,进行专业化施工和生产指挥。在项目部、工区和施工班组之间,建立简明有效的信息管理系统,施工中做到目标明确、责权清楚、上通下达、步调一致,保证指挥畅通和施工组织设计的贯彻落实。

3)做好施工准备

严格按照施工组织设计合理布置临时工程设施,做好水、电、路、通信和场地内"四通一平"工作,组织前期人员、机械设备迅速进场。

积极参加建设单位、监理单位对水准点与坐标控制点的移交工作,及时进行现场复核和确认。

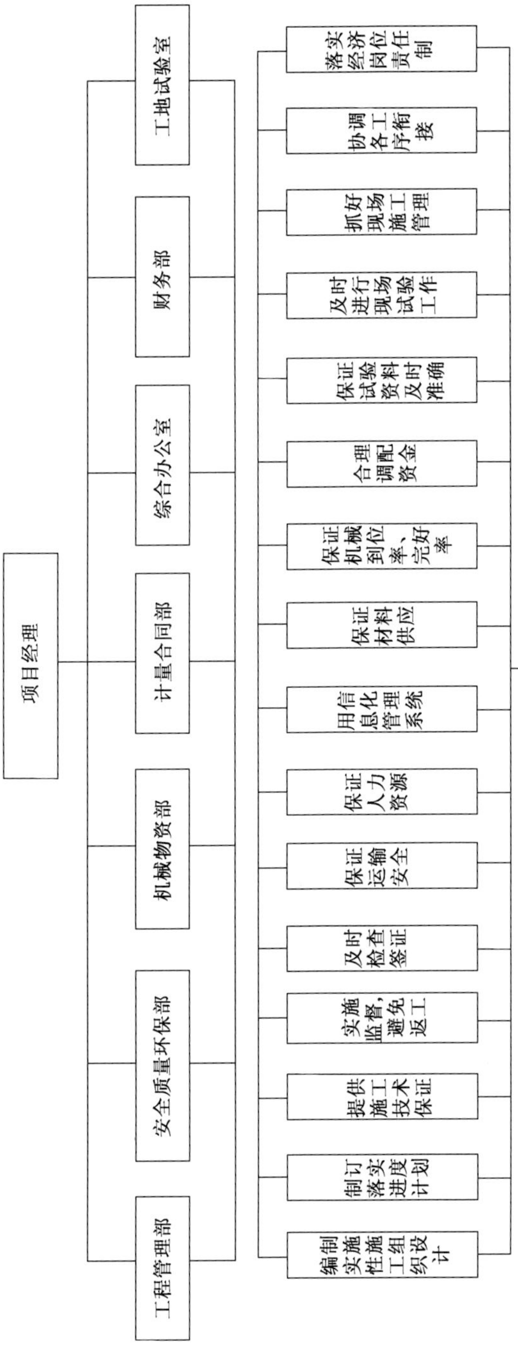

图 11-1　工期保证体系框图

4）做好物资供应工作

由项目部物资部门根据招标文件物资采购供应办法，结合实施性施工组织设计中的进度计划安排，及时办理材料的采购订货、发货运输、仓储、保管和材料的现场发放等工作，并做好材料检验和试验，把好材料数量、质量关。材料应按工程进度的需要备足备齐，做好物资供应工作。

5）确保机械设备的完好率和使用率

按照开工日期和机械设备需求计划，组织机械设备进场。同时，对操作人员进行安全、防火和文明施工等方面的教育和岗前培训，并安排好机械操作人员的生活起居。

加强机械设备的调配，分别按照计划组织选择设备的配置和组合。保证为本隧道及时提供精良充足的网络条件和机械设备。健全机械设备的管理、维修、保养制度，提高机械设备、车辆的完好率和使用率，使机械状况满足施工质量和进度的要求。

6）实行目标管理

施工过程中，坚持实行目标计划管理，项目部的施工进度计划考核到月和旬，工区、作业班组的施工进度计划考核到周和日。各级调度员加强协调和进度反馈，对于计划执行过程中的偏差，应及时分析原因，采取补救措施，保证施工作业动态平衡，进而保证总工期目标的实现。

7）重视技术创新，提高劳动生产率

加强与各方面专家的联系，充分发挥各类专家在关键技术、工艺等方面的指导咨询作用。在开工前和施工过程中，对关键工艺不断进行研究、深化和优化。组织并鼓励广大干部、技术人员、职工研究应用新技术、新设备、新工艺，提高工程建设质量和效率。对每项新工艺、新技术的应用，应首先研究和制定方案，报建设单位、监理审批后，再进行工艺试验，成功后再进行全面应用和推广，并不断总结经验，指导施工。

8）精心组织、合理安排

为了加快施工进度，通过计算机辅助设计编制计划。在施工进度的控制中，利用网络计划技术，根据收集的实际进度信息，比较和分析进度计划，利用网络计划的工期优化、工期与成本优化和资源优化的理论调整计划。

9）加强施工管理，保证施工有序进行

施工过程中建立健全安全、质量、环保工作体系，严格遵守各项规章制度，严把安全、质量、环保工作关。杜绝安全、质量、环保事故发生，保证不停工、不返工、不窝工，保证施工生产有序进行。

10）强化激励机制

在施工生产中推行激励机制，实行全面的定额计件工资制度，管理层实行绩效挂钩工资制度。开展各种形式的劳动竞赛和创优评选活动，充分调动员工的建设热情和生产积极性、主动性。通过各种形式的经济责任制和奖惩措施，从物质奖励和精神奖励两个方面进行激励,激发广大员工的积极性,为施工生产的有序推进提供强有力的内在动力。

11)加强资金管理,保证工程需要

成立资金专门账户,保证资金不外流。加强成本控制,加强资金的计划管理,合理使用资金,尤其要确保重点工程和关键控制工程的资金使用。

12)采取合理工程措施

针对大万山隧道地质差、工期紧的特点,施工中精心组织、周密安排,加强地质勘查及超前地质预报,加强防护,做好各工序作业的协调衔接,保证工期。

13)特殊条件下保证工期的措施

在安排施工进度计划,特别是制定施工方案、应急预案时,充分考虑影响施工的各种因素,工期安排中留有余地。施工过程中一旦出现意外情况,及时调整施工进度计划,增加必要的人力、物力和财力,确保工期目标顺利实现。

11.2 合同管理

(1)合同应明确发包人与承包人的名称、法定代表人、工商登记号、住所及联系方式等基本情况,承包人应具备与合同工程相对应的施工企业资质等级。

(2)明确合同所指向的建设工程的内容和范围。项目名称、施工现场的位置、施工界区等都应在合同中予以明确。

(3)对在工程施工前应完成的工作进行约定,主要包括施工现场具备施工条件,土地平整、道路通畅及水电设施应予完成;具备必要的施工合法性文件,其中最重要的文件即为施工许可证,依《中华人民共和国建筑法》规定,未取得施工许可证的工程不能开工,当然还包括其他如临时用地、爆破作业等许可文件;施工场地地质和地下管线资料及工程设计图纸的交付,发包人并应对其提供的资料和图纸的真实性和合法性负责。

(4)施工组织设计和工期。承包人应提交施工组织设计和工程进度计划,经发包人指定的监理工程师或发包人驻场代表确认后,承包人应按进度计划组织施工,并接受监理工程师或发包人驻场代表的检查与监督。合同应明确工程开工与竣工日期,并对工期延误及相关责任问题进行约定。

(5)价款及其支付。在建设工程合同实务中,价款问题产生的纠纷最为常见。建设工程尤其是大型工程的造价金额通常较大,合同履行期相对较长,其中可变因素较多,因此在客观上也确实存在价款难以确定或其确定过程较复杂的情况。住建部 2013 年颁布并于 2014 年 2 月 1 日起施行的《建筑工程施工发包与承包计价管理办法》规定了三种建设工程施工合同价款的方式:实行工程量清单计价的建筑工程,鼓励发承包双方采用单价方式确定合同价款;建设规模较小、技术难度较低、工期较短的建筑工程,发承包双方可以采用总价方式确定合同价款;紧急抢险、救灾以及施工技术特别复杂的建筑工程,发承包双方可以采用成本加酬金方式确定合同价款。当事人可在合同中约定其中一种计价方式。

(6)材料及设备供应。建设工程涉及大量的材料与设备,因此合同应就材料与设备供应主体、供应范围、供应日期、验收程序及标准、保管责任等问题进行约定。材料和设备既可由发包人提供,也可由承包人提供,提供方应对材料与设备的合格性承担责任,另一方有权对其进行检验并提出质量异议。

(7)竣工验收与结算条款。竣工验收与结算条款应对验收和决算的程序进行明确约定。在预计竣工日期之前的合理期限内,承包人应通知发包人准备验收,并提供相关验收资料,发包人应及时组织有关各方包括勘察设计单位、监理单位等与承包人共同进行竣工验收,并对存在的质量问题提出修改意见,验收合格或经修改后合格的,承包人应提交竣工验收报告。发包人不组织验收的,应承担对其不利的法律后果。

(8)违约责任及索赔条款。发包人可能存在的主要违约事由为不依合同约定支付工程款,此外还存在不提供必要的施工条件及资料、不按期组织各类验收等情形,合同应对各种可能的违约情形的违约责任进行规定,发包人承担违约责任的主要方式为实际履行、赔偿损失和解除合同。承包人可能存在的主要违约事由是未按期完工或完成的工程质量不符合法定及约定的质量标准,以及与之相对应的不能提供必要的工程竣工资料。承包人承担违约责任的主要方式为修理或重做、赔偿损失、解除合同。合同应对履行过程中的索赔程序进行约定,一旦出现索赔事由,守约方应及时向违约方发出索赔通知,并提供相关证据,违约方应按合同约定的期限进行答复和处理。

(9)承包人保修责任。承包人通常以签订质量保修书的形式明确其保修责任。承包人的保修责任为法定责任,《中华人民共和国建筑法》对此作出了原则性规定,并授权国务院对具体保修范围和最低保修期限作出规定。国务院2000年颁布的《建设工程质量管理条例》第四十条规定:"在正常使用条件下,建设工程的最低保修期限为:

"(一)基础设施工程、房屋建筑的地基基础工程和主体结构工程,为设计文件规定的该工程的合理使用年限;

"(二)屋面防水工程、有防水要求的卫生间、房间和外墙面的防渗漏,为5年;

"(三)供热与供冷系统,为2个采暖期、供冷期;

"(四)电气管线、给排水管道、设备安装和装修工程,为2年。

"其他项目的保修期限由发包方与承包方约定。"

11.3 安全管理

11.3.1 安全目标

坚持"安全第一、预防为主"的原则,建立健全安全管理组织机构,完善安全生产保证体系,消灭责任设备、火灾、爆炸等事故。杜绝重大死亡及以上责任事故,创建安全生产标准工地。

11.3.2 安全保证体系

1)建立健全安全管理组织机构

安全管理组织机构如图 11-2 所示。

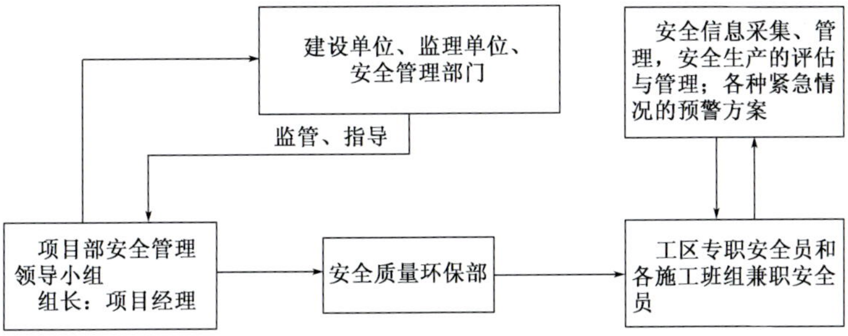

图 11-2 安全管理组织机构架构图

项目部设安全质量环保部,配安全工程师,具体负责本工程的全部安全监察和管理工作,各工区设专职安检员、各施工班组设兼职安检员。安全监察(检查)员选派工作责任心强、有多年现场工作经验,且经过安全管理专业技术培训的人员担任。

项目部安全管理领导小组的任务和职责为:贯彻执行上级各项安全法规规程;定期召开安全工作会议;总结和布置安全生产工作;决策重大施工安全方案;制定本项目各项安全制度规定;落实安全责任制;组织安全教育培训;开展安全检查等。

建立高效灵敏的安全管理信息系统。系统规定各种安全信息的传递方法和程序,在施工中形成畅通无阻的信息网,准确及时地搜集各种安全信息(如执行"五同时"的信息,安全技术措施方案的编制、审批、交底、落实、确认信息,安全隐患、险肇事故及工伤信息等),并设专人负责处理。

2)建立健全安全保证体系

为确保施工作业安全,建立、健全各项安全规章制度,做到依法办事;加强安全教育,增强广大职工的安全意识和防范安全事故的能力;及时开展安全生产大检查,消除事故隐患;建立高效精干的安全组织机构,制定切实可行的安全技术措施,在施工中严格执行;并从技术上入手,针对本标段工程的实际情况,及时解决施工中的安全问题,以确保实现安全目标,创建安全生产标准化工地。

安全保证体系框图如图 11-3 所示。

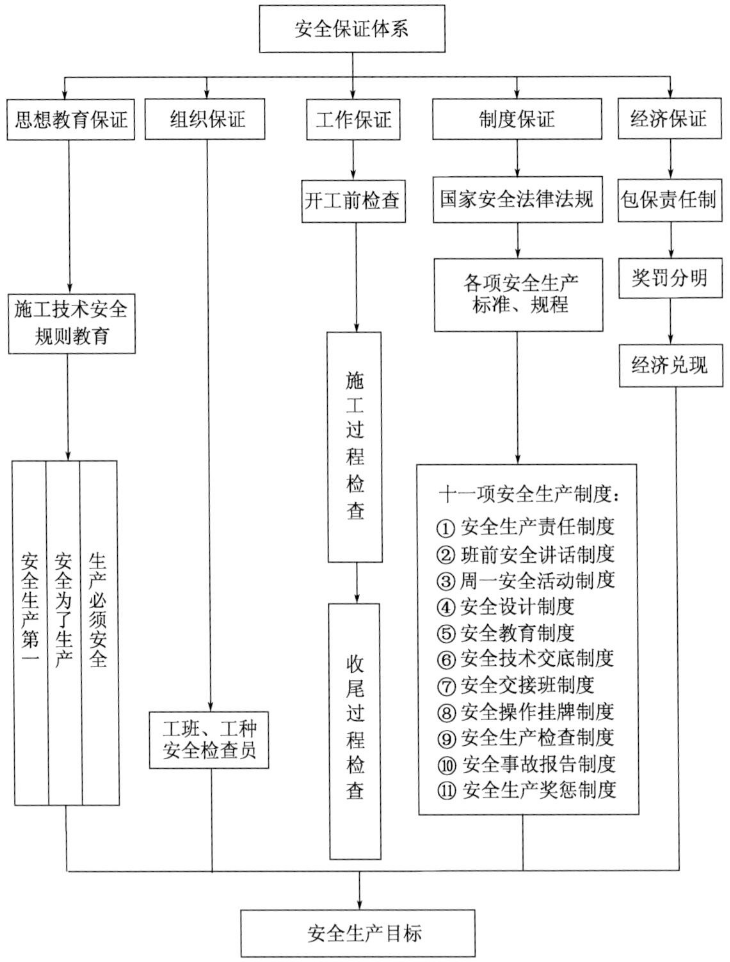

图 11-3 安全保证体系框图

11.3.3 安全保证措施

1) 安全生产责任制度

严格遵守国家有关安全生产的法律法规。

坚持"安全第一、预防为主"和"管生产必须管安全"的原则,加强安全生产宣传教育,增强全员安全生产意识,建立健全各项安全生产的管理机构和安全生产管理制度,配备专职及兼职安全检查人员,有组织、有领导地开展安全生产活动。各级领导、工程技术人员、生产管理人员和具体操作人员,必须熟悉和遵守各项规定,做到生产与安全工作有计划、有布置、有检查、有总结和有评比。

按照本隧道特点,组织制定本隧道实施中的生产安全事故应急救援预案;如果发生安全事故,按照《国务院关于特大安全事故行政责任追究的规定》及其他有关规定,及时上报有关部门,并坚持"四不放过"的原则,严肃处理相关责任人。

安全生产责任制是施工中最基本的安全管理制度,从项目经理到生产工人的安全管理系统必须做到纵向到底,一环不漏;各职能部门和人员的安全生产责任制必须做到横向到边,人人有责。工程上场的同时主动与建设单位签署安全生产协议书,并在施工过程中严格遵守。

安全生产责任制综合各种安全生产管理、操作规程,对各级领导、各职能部门、工程技术人员、工程管理人员、施工人员应负的安全责任予以明确,使安全工作形成一种人人讲安全、事事为安全、时时想安全、处处要安全的氛围。

2)班前安全讲话制度

作业班组进入工点施工作业前由班组长和安全员进行班前讲话,交代有关安全注意事项。

3)周一安全活动制度

(1)安全生产周例会。

项目安全生产周例会于每周一下午4时由项目经理组织召开,项目总工程师、安全总监、安质部长、安全员、技术员、施工队负责人、施工单位安全管理人员参加。

(2)安全生产周例会内容。

①总结一周安全生产情况。

②检查上周安全问题整改情况及未整改完成的原因。

③分析一周安全生产动态和形势,及时调整工作重心。

④对现场存在的安全问题和隐患提出技术整改措施。

⑤对特殊部位的施工采用新工艺、新技术、新设备时,对方案中的安全技术措施进行讨论,根据现场实际制定具有针对性的安全技术措施。

⑥组织对安全法律、法规的学习,传达国家、地方政府和上级部门有关安全生产方面的文件和指令。

⑦其他有关安全生产方面的事项。

此外,会议要指定专人记录;会议中议决的事项,有关责任人和责任单位要在指定的时限内落实。

4)安全设计制度

针对施工过程中存在较多隐患的工点或工序,开工前制订好安全生产保证计划,在编制施工组织设计或施工方案时,同步进行安全防护方案的设计,并组织有关人员进行审查,经审批后执行。

对于爆破工程、模板工程、施工用电等安全重点防范工程,结合现场和实际情况,单独编制安全技术方案。

5)安全教育制度

定期召开安全生产例会,总结上季(月、周)安全生产情况,布置安全生产措施,并在例会上学习安全生产的规章制度。

(1)安全教育培训制度。

对新上岗人员进行上岗前的技能和安全基本知识培训教育,取得上岗证后方可上岗;特殊工种工人必须经培训考试合格,取得上岗证后方能上岗操作。

参加施工的人员,必须具有劳动安全管理部门颁发的安全生产许可证,必须接受安全技术教育,熟知和遵守各项安全技术操作规程,定期进行安全技术考核,合格者方能上岗操作。对于从事电气、起重、建筑登高架设作业、锅炉、压力容器、焊接、机动车驾驶、潜水、瓦斯检测等特殊工种的人员,经过专业培训,获得安全操作合格证后,方能持证上岗。开工前,对所有参建员工进行上岗前的安全教育。

(2)工前安全教育培训。

每一单项工程开工前,对全体职工进行针对工程技术措施、施工方案、方法、工艺、质量标准的教育,以及重点、难点工程的安全和技术培训工作。

(3)"三级"安全教育培训。

施工人员进入施工现场,进行"三级"安全教育培训。

一级为项目部安全教育培训。内容包括:一般教育(建筑施工的特点,它给劳动者安全带来的不利因素;当前的安全生产情况);安全生产法规和安全知识教育(建筑法、消防法、宪法、刑法有关条款,住建部颁布的建筑企业安全生产条例、规定,地方政府和主管部门发布的有关安全生产规定,项目部有关安全生产管理规定及细则,劳动和社会保障部关于重伤事故范围的意见等);工程施工时容易发生的伤害事故及其预防措施。

二级为工区安全教育培训。内容包括:《安全技术操作规程》有关规定;建筑工程现场的安全管理规定细则;在建工程基本情况和必须遵守的安全事项等。

三级为班组安全教育培训。内容包括:本班组生产工作概况、工作性质及范围;个人从事生产工作的性质,必要的安全知识,各种机具设备及其安全防护设施的性能和作用;本工种的安全操作规程;容易发生事故的部位及劳动防护用品的使用要求等。

(4)"四新"技术教育培训。

在采用新设备、新工艺、新材料、新技术时,应先对直接接触和从事该项工作的人员进行具体的方法、性能、规程等的技术培训,然后再上岗。

(5)特种作业人员安全教育培训。

特种作业人员除进行一般安全教育外,还要通过地方劳动部门对特种作业人员进行培训,以及本工种的安全技术教育,经考核合格发证后,方准上岗操作。

定期对特殊工种进行复审。对从事有尘毒危害作业的工人,进行尘毒危害和防治知识教育。

(6)各级领导和安全管理干部的安全教育培训。

定期对各级领导干部和安全管理干部进行培训,使其提高政策水平,熟悉安全技术和劳动卫生业务知识,做好安全生产工作。

培训主要内容:安全生产的重大意义;国家有关安全生产、健康与环境卫生方面的方针、政策和规定;安全生产法规、条例、标准;施工生产的工艺流程和主要危险因素,以及预防重大伤亡事故发生的主要措施;企业安全生产的规章制度、安全纪律和保证措施;各级领导在安全生产中的职能、任务以及如何管理;编制、审查安全技术措施计划及施工组织设计安全技术措施的基本知识等。

(7)安全生产的经常性教育培训。

在做好对普通工种、特种作业人员安全生产教育和各级领导干部、安全管理干部的安全生产培训的同时,把经常性的安全教育贯穿于管理工作的全过程,并根据接受教育的对象的不同特点,采取多层次、多渠道和多种方法进行。内容包括:安全生产宣传教育;普及安全生产知识宣传教育;适时安全教育等。

6)安全技术交底制度

在编制施工组织设计和下达施工计划时,要根据工程内容,进行危险源分析,对基坑开挖、复杂结构必须制定强制性防护措施,对重要危险源必须制定详细监护方案和应急措施。并在开工或施工前由技术或安全专职干部向有关人员进行安全、技术交底,无安全措施和未进行技术交底的,不得进行作业。

7)安全交接班制度

领工员、作业班组向下交班时,必须交接安全生产情况及注意事项。

8)安全操作挂牌制度

把工序和设备的主要安全操作规程悬挂在工地上,在危险处设置警示牌以进一步提醒作业人员。

9)安全生产检查制度

建立安全生产检查制度。项目部每半个月组织一次安全检查,工区每周、班组每天进行一次安全生产检查并认真做好安全检查记录。重点工程、关键部位的安全生产要加大检查力度和次数。对于违反安全规定的,将下发《隐患整改通知单》,并根据情况进行处罚。整改负责人整改完毕后必须填报《隐患整改反馈表》。

坚持做到工前布置安全、工中检查安全、工后讲评安全的“三工”安检制度,工班与工班、上下工序之间应认真进行交接班检查,每周工班进行安全总结,并认真做好各项安全记录。

工程开工前和工程项目停工后复工,均要进行安全检查验收,未经检查验收的工程项目不准开、复工。

项目部安全工程师每周向上级安全生产领导小组报告施工现场的安全管理状况。

开工前的安全检查。主要内容包括:施工组织设计是否有安全措施,施工机械设备是否配齐安全防护装置,安全防护设施是否符合要求,施工人员是否经过安全教育和培训,施工安全责任制是否建立,施工中潜在事故和紧急情况是否有应急预案等。

定期安全生产检查。每月组织安全生产大检查,积极配合上级进行专项和重点检查;班组每日进行自检、互检、交接班检查。

经常性的安全检查。安全工程师、安全员日常巡回安全检查。检查重点为施工安全防护、施工用电、机械设备、模板工程、高空作业、起吊运输等。

专业性的安全检查。针对施工现场的重大危险源，对施工现场的特种作业安全、现场的施工技术安全和现场大中型设备的使用、运转、维修进行检查。

季节性、节假日安全生产专项检查。

通过安全检查，增强广大职工的安全意识，促进企业贯彻执行劳动保护和安全生产方面的方针、政策、规章制度，解决安全生产上存在的问题。

10）安全事故报告制度

在施工生产过程中发生伤亡事故（含急性职业中毒），应按照《企业职工伤亡事故报告和处理规定》及时进行报告、统计、调查和处理，并办理工伤保险报告和相关赔付工作。

伤亡事故发生后，现场有关人员立即向单位负责人报告。事故单位负责人在1小时以内向事故发生地县级以上人民政府安全生产监督管理部门报告。

发生轻伤、重伤事故，经理部负责人或其指定人员组织生产、技术、安全等有关人员以及工会成员组成事故调查组进行调查处理；发生死亡、重大伤亡事故，由其上级有关主管部门组成事故调查组，邀请地方劳动部门参加，进行调查处理。

发生伤亡事故必须认真执行《企业职工伤亡事故调查分析规则》的规定，按照"四不放过"原则，查明事故发生原因、发生过程和人员伤亡、经济损失情况，明确事故责任，提出事故处理意见和防范措施的建议。

制定本工程实施中的生产安全事故应急救援预案。

11）安全生产奖惩制度

建立安全生产风险抵押金和奖惩制度。为进一步做好安全生产工作，贯彻落实全国安全生产工作会议和国务院有关决定精神，坚持消除影响安全生产的重大隐患，努力做到安全隐患一个不留，在工区执行安全生产风险抵押金制度。

根据本工程特点，分析、评估、评价存在的安全风险和风险的危险程度，预测施工过程中承担的安全风险，确立各工区具体的安全管理目标，对各工区收取风险抵押金，实现安全目标后退回风险抵押金并给予奖励；没有实现安全目标的，没收风险抵押金并给予处罚。

项目部每月开展一次安全考核，对安全贡献突出、成绩优异的工区和班组实行奖励。

对安全生产中存在的重大隐患，应及时对隐患所在班组或工区做出批评、罚款等处罚。

11.4 二次衬砌施工质量

11.4.1 工艺流程

二次衬砌施工流程如图11-4所示。

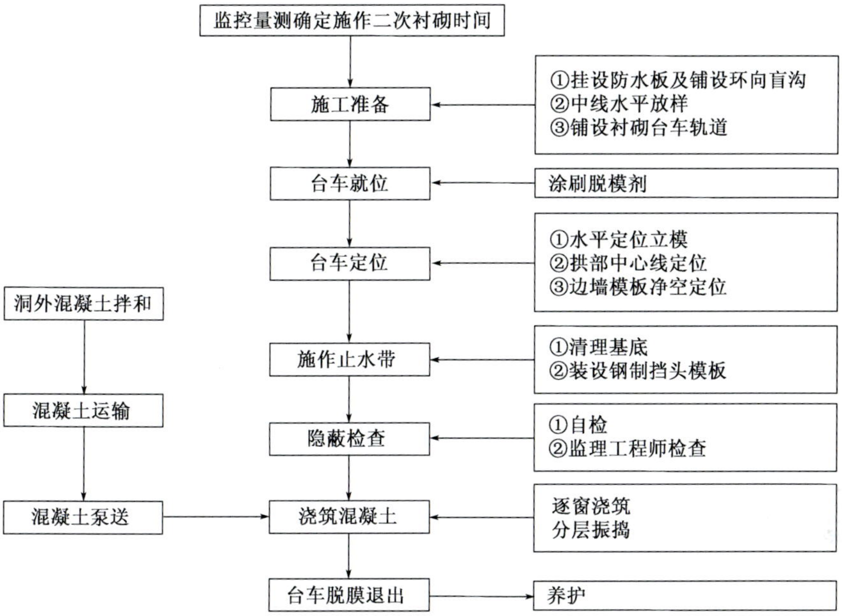

图 11-4 二次衬砌施工流程图

11.4.2 关键控制点

(1)施工缝端头必须进行凿毛处理,并清理干净。

(2)按设计要求预留沟、槽、管、线及预埋件,并同时施作附属洞室混凝土衬砌。

(3)二次衬砌混凝土浇筑自下而上,先墙后拱,两侧对称分层浇筑,每次浇筑高度 30cm。左右混凝土高差不能超过 50cm。混凝土浇筑作业连续进行。

(4)混凝土振捣时不应破坏防水层,不得碰撞模板、钢筋和预埋件。

11.4.3 二次衬砌施工质量保证

二次衬砌混凝土施工质量关系到隧道防水、结构受力、耐久性,最容易出现的质量问题就是背后脱空。按照脱空位置可分四类,分别是初期支护空洞、防水板与初期支护间的空洞、二次衬砌混凝土与防水板间的空洞、二次衬砌端头与二次衬砌混凝土之间的空洞。产生空洞的主要原因是光面爆破效果不好,土工布、防水板挂设未预留足够的松铺系数,端头模板封堵不密实,施工时对原材料质量控制不严,混凝土在浇筑过程中不连续、振捣不密实,拱部混凝土浇筑泵送压力或浇筑方式不正确等。针对这些问题,施工过程中采取了相应的措施。

(1)利用二次衬砌防脱空装置检测混凝土是否有脱空现象,如出现报警,则及时采取注浆措施。

(2)隧道光面爆破时,观察围岩情况,动态调整爆破参数,提高钻孔精度,提高测量放线的精度。

(3)在施工前根据二次衬砌截面检测结果,对容易出现空洞的地方调整防水板松铺系数,以最大限度保证防水板与二次衬砌及围岩密贴。

(4)二次衬砌堵头模板改用钢模板,既节省了加工时间,又保证了堵头混凝土的平顺和密实度。

(5)增加拱墙以上附着式振捣器的数量,根据振捣器的工作半径,保证有效范围搭接50cm。

11.5 生产调度指挥中心

隧道洞口生产调度指挥中心通过信息化、智能化手段,将各专业模块统一纳入生产调度平台,对施工生产形象进度、隧道人员设备定位、车辆机械设备定位、搅拌站出入库实时监控、钢筋加工厂日产、视频综合监控、环境监测、隧道监控量测等各环节进行全过程监管,最终实现生产过程与信息化的高效融合,提升工程项目管理的综合水平。

11.5.1 重点工程实时监控

现场定点布置高清摄像头,通过移动端、PC端对项目重点区域进行24小时实时监控(图11-5),管理者可掌握项目施工现场和施工进度情况,跟踪生产进度,实时查看工人工作状态,为项目形象进度信息的获取及安全管控提供支撑。

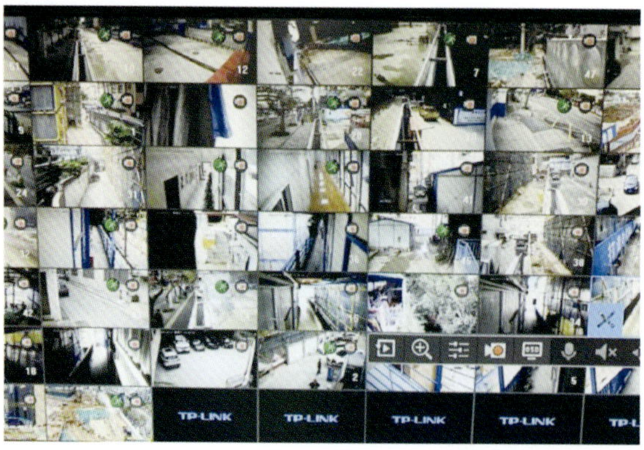

图11-5 大万山隧道视频监控图

11.5.2 隧道施工监控量测

对大万山隧道施工过程中沉降观测数据进行采集、分析、监控,如图11-6所示,随时掌握水平收敛和拱顶沉降值、速率，动态调整施工组织，确保安全质量。

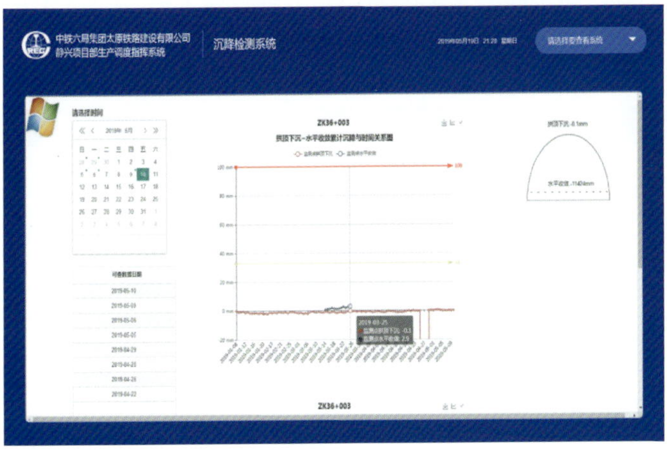

图 11-6　大万山隧道施工沉降监测系统

11.5.3　隧道施工人员管理

应用物联网、可视化仿真技术，实现人员定位功能。在工地主要出入口（隧道内为每隔200m）部署超高频射频识别（RFID）读写器，当施工人员通过时，读写器自动读取安全帽上RFID标签信息，并通过网络传输至数据库。通过软件仿真展示和反馈用工人员、工种在作业面的分布情况（图 11-7），为项目安全监督管理提供信息支撑。

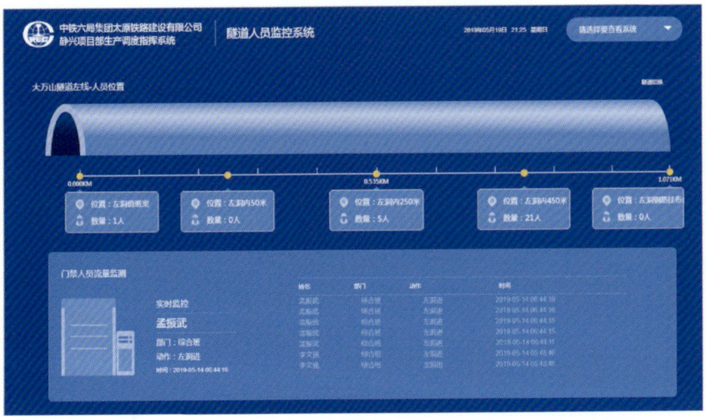

图 11-7　隧道人员监控系统

11.5.4　主要物资库存管理

对接搅拌站、钢筋加工厂相关系统数据，包括过磅系统数据和钢筋型号的采集、原料入库退货、仓库管理等，从采购、库存到统计分析，实现主要材料的动态监管，计算库存预警，实现对每日生产计划、生产进度等数据的实时监控。隧道施工原料管理系统如图 11-8、图 11-9 所示。

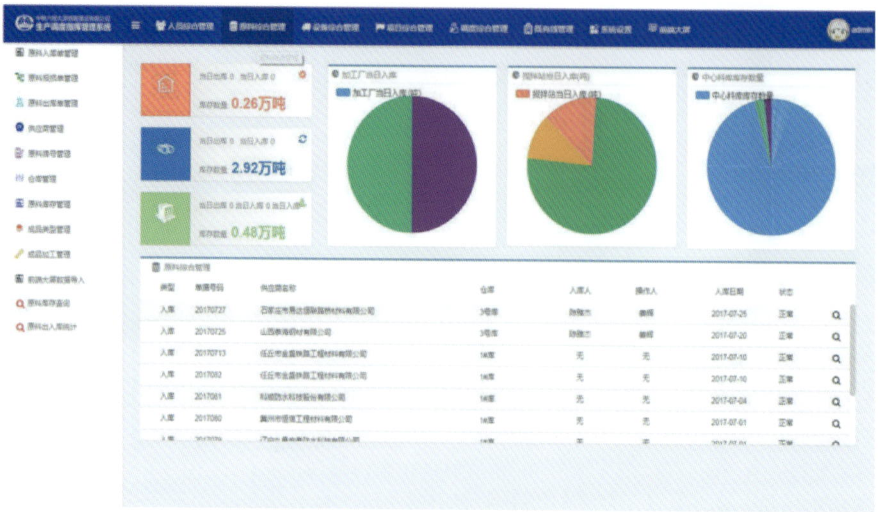

图 11-8　隧道施工原料管理系统

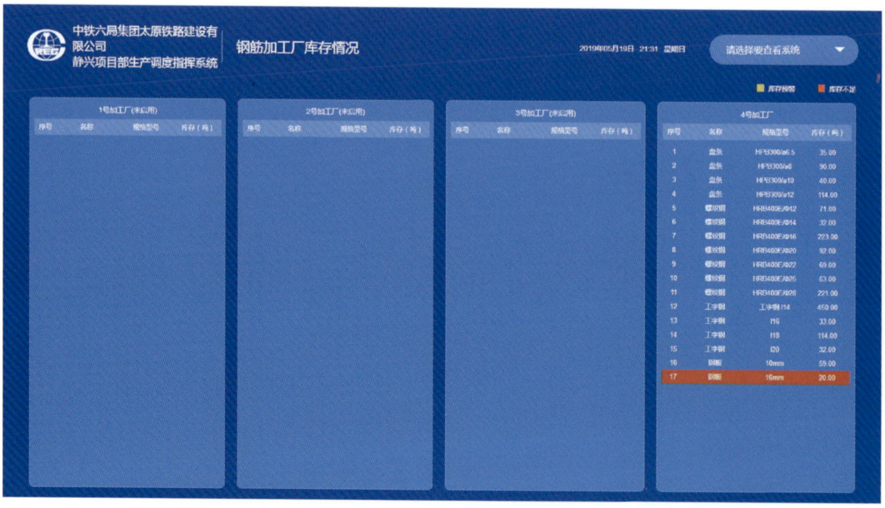

图 11-9　隧道施工原料管理系统——隧道钢筋加工厂库存情况

11.5.5　安全质量隐患排查

通过接入中国中铁股份有限公司安全隐患质量排查系统，实现对项目安全质量的管控。

11.5.6 主要机械定位管理

在通用设备上安装机械指挥官和智能油箱盖两种数据采集终端，实现对设备台账和设备运行状态的动态综合管理，如设备车辆的进出、作业、维护等。项目管理人员可实时获得机械运转及油耗情况，实现及时调动闲置设备和加强油耗管理。设备综合管理系统如图 11-10、图 11-11 所示。

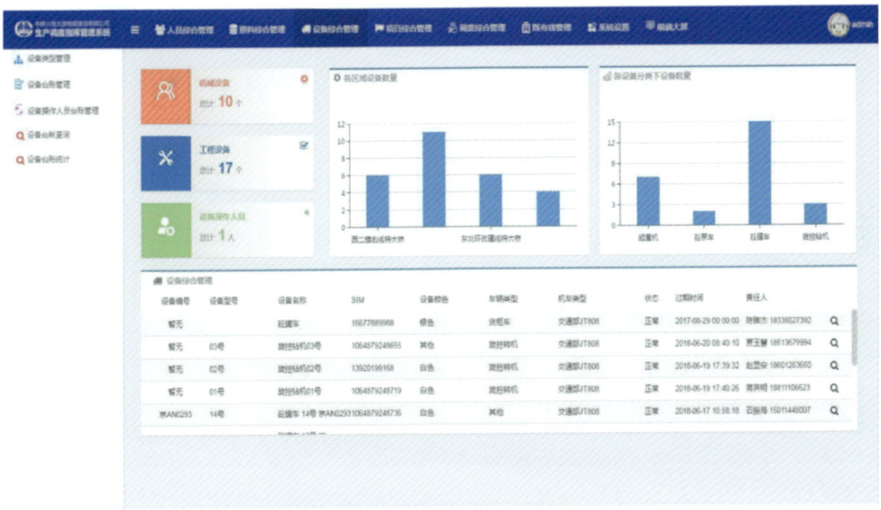

图 11-10　设备综合管理系统 1

图 11-11　设备综合管理系统 2

11.5.7　BIM 技术工程管理

通过 BIM 技术的应用,实现对设计图纸的碰撞检验、工程量计算、可视化交底、重点方案施工过程演示,并通过施工进度模型掌握全线施工进度。隧道进度管理系统如图 11-12 所示。

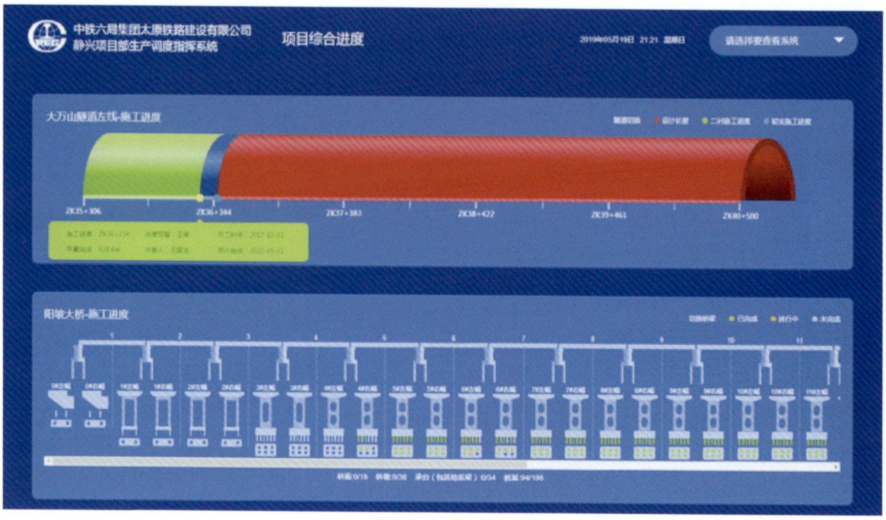

图 11-12　隧道进度管理系统

11.5.8　空气质量监测与管理

通过施工环境监测仪,对施工场地的 10 项数据(PM2.5 + PM10 + 噪声 + 温度 + 湿度 + 风向 + 风速 + 风力 + 总悬浮颗粒物 + 大气压力)进行实时监测,数据通过 4G 网络在"智慧工地"平台实时展示与预警,结合雾炮机智能控制、自动喷淋,以减少噪声扰民,减少工地扬尘造成的环境污染。

Chapter 12

第12章

隧道施工文化建设

优秀的文化是一个企业凝聚人心、长远发展的核心动力，静兴项目部自组建以来，高度重视隧道文化建设，紧密围绕企业文化、项目文化、安质文化、“家”文化等方面，结合吕梁红色文化革命胜地，精心打造“传承发扬吕梁精神，铸就品质隧道工程”这一隧道文化，提升管理软实力，带动各项工作取得突破，为树立隧道品牌文化、创建品质静兴工程提供了有力的保障。

12.1 以企业文化引领全面建设

隧道洞口前期策划之初，按照中铁六局集团《企业识别VI系统手册》及《太原铁建文化建设标准及考核办法》的相关要求，坚持传承与创新相结合，积极建设规范统一而又彰显特色的隧道洞口文化体系（图12-1），着力打造文化建设示范工程。在整体布局上把大万山隧道洞口打造成集现代、传统、适用、美观、休闲等多元素并存的视觉体验区。

图12-1　大万山隧道洞口

结合隧道左右洞基本在一个高程而又相隔一定距离的特点，利用将来成型路基和进洞便道的条件，整平、硬化打造出站前广场。沿广场中轴线建设具有传统文化造型的调度指挥中心，并在其正前方设置中铁六局旗台、广场花园和200m^{2}的停车场。在停车场区入口创建凸显红色老区精神的红旗墙，两侧设置宣传文化墙和企业管理理念标语文化墙，组成宣传阵地。在中轴线两侧便道外侧设置宣传、安质元素，左侧设置综合料库、安质体验区、洞口警务室和门房，右侧设置洞口休息室和80m长的安质、管理、宣传文化墙及员工休息区。从内容、形式、用途上丰富隧道口的文化设施；在隧道内体现业主“品质静兴”文化要求。在隧道洞口顶部设置醒目的红色承建牌，洞口设置文化对联，洞内300m距离的区域设置宣传灯箱和里程灯箱，设置“十个静兴”的投影宣传设施，用光电手段凸显隧道的文化氛围。

12.2 以项目文化提升项目管理

项目文化与施工组织、经济商务一起被列为策划重点，提出了“理念塑造品质，行为规范全员，视觉展现风采”的实践目标，编制《项目党建与文化建设策划书》，对项目文化建设和特色党建工作进行了策划，核心就是以“吕梁精神”引领大万山隧道项目的文化建设。

吕梁地区艰苦的自然地理环境孕育出吕梁人特有的能吃苦、能战斗、能攻关的奋斗精神，正与中铁六局集团“能征善战、奋勇争先”的项目文化合契共融。项目施工过程中坚持践行“吕梁精神”，坚持注重对全员开展理念的教育引导，不断继承和发扬“不畏艰难、自力更生、迎难而上、勇于胜利”的“吕梁精神”，适应新时期企业经营管理、工程项目管理的新要求。高站位谋划，高起点布局，高标准建设，团结带领广大干部员工不畏难、不惧苦，以“勇争第一”的竞争意识和“敢为人先”的拼搏精神，冲在前、干在先，在工程项目建设中坚持“速度取胜，品质致胜”项目品牌理念，努力成为全线品牌、示范项目。为践行“吕梁精神”中的自力更生、迎难而上的品质，项目部结合生产实际，通过适时组织各类劳动竞赛活动，进一步提升隧道的建设管理水平，不断掀起施工大干高潮。

图 12-2 所示为大万山隧道安全生产活动情况。

图 12-2 大万山隧道安全生产活动情况

12.3 以安质文化助力品质建设

安全生产是隧道工程的生命线，质量优质是进度、效益、信誉保障的前提。安质文化是营造安质氛围、提高安质水平的重要方法。项目部结合隧道安全质量专业知识，以安全质量大培训、安全质量党课（图 12-3）、安全质量云课堂、安全质量宣传等形式开展活动，营造安质文化氛围。项目部主要领导组织开展“全员安全质量生产”大培训活动，深化安全质量宣传教育；发掘安全质量工作中的“最美”，通过开展“党员安质生产示范岗”“安质标杆”“安质之星”等评选表彰活动，唱响安全质量主旋律，打造项目安质文化品牌。积极发挥党员安全岗、群安员、青安岗的作用，在群防群治保安全的同时，推进安全工作宣传到班组、到一线。同时，架子队还推行内部包保和责任追究制度，制定各工序内部包保办法，实行单工序进度、质量包保，明确责任人和包保核算办法，使员工的收入与安全、质量、进度、文明施工挂钩，逐月考核并通报履约情况。激发了参建员工保进度、创品质、争效益的积极性，营造了“品质文化”的良好氛围。

图 12-3　公司领导主持安全质量党课

12.4 以“家文化”建设提升员工幸福感

项目部严格按照“幸福之家”建设标准，结合隧道施工的特殊要求，对架子队驻地进行规划，严格划分了职工办公区、生活区、休闲区，建设了文化展板墙、绿化景观区、标准篮球场、多功能健身器、台球桌、羽毛球场等文体设施；生活区设立职工洗漱间，配备洗衣机，为每位职工配齐家具家电。结合隧道施工特点，在隧道洞口设置了职工休息室，使职工在封闭幽暗的施工后，可以在此听听音乐、喝喝茶，放松一下紧张焦虑的心情；同时还利用边角地设置了“心憩小镇”，设有休息亭、花园和运动器材，供员工们日常休息放松。

项目部积极倡导“快乐工作、健康生活”的理念，开展节假日文化活动，如图 12-4 所示。利用“五一”、中秋、国庆等节假日，组织职工开展趣味运动会，组建专业篮球队参加“静兴杯”篮球对抗赛等活动；在迎国庆、庆中秋活动中，组织开展了职工登山比赛等活动；在主题党日活动中，组织员工前往廉吏于成龙纪念馆参观。为丰富职工的业余文化生活，经常组织开展各类文娱活动，开展集体生日、集体聚餐活动，把家文化覆盖到一线、渗透到班组。同时，结合大万山隧道位置偏远、交通不便、施工人员工作强度大等客观实际，项目部在隧道架子队大力开展员工帮助计划(EAP)活动，结合员工实际需求先后创建了心灵驿站，设置了心理咨询室、心理发泄室，聘请专业心理咨询师定期一对一为职工“减压”，关爱员工心理健康。通过系列举措，有效解决了员工在生产生活中的后顾之忧，全面提升员工们的幸福指数。

图 12-4　项目部开展节假日文化活动

More Information?

Ms. Carrie He   Sales Manager
+86 10 5867 7003
yaning.he@hjtexpo.com

Ms. Shuping Liu   Sales Manager
+86 10 5288 4791
liushuping@interfoam.cn

Mr. Ouyang   KA Manager
+86 10 5867 7299
ouyang@interfoam.cn

Mr. Andy Liu   Sr. Sales Manager
+86 10 5867 7068
shaocheng.liu@interfoam.cn

"Follow us"

INTERFOAM® CHINA

Originated by HJTEXPO

HJTExpo 汇捷通

Quotation

Offline Exhibition

Registration Fee: USD 300/Exhibitor
Standard Booth: USD 380/ ㎡ (Min. 9 ㎡)
Raw Space: USD 350/ ㎡ (Min. 18 ㎡)

Strategic Partners

Diamond Partner USD 16,800
Platinum Partner USD 11,500
Golden Partner USD 4,500
• Please contact us for the "Brand Promotion Scheme" to get more information.

Conference Fee

Join with Sponsorship
Diamond Sponsor USD 12,500
Platinum Sponsor USD 8,500
Golden Sponsor USD 4,500

Become a Speaker
Exhibitors (≥54 ㎡): free for 1 quota
Exhibitors (< 54 ㎡): USD 800/quota
Non-Exhibitors: USD 1,800/quota

Conference Tickets
1-Day Ticket: USD 60
3-Day Ticket: USD 90
Online Ticket: USD 60
• The above quotation does not include 6% VAT

Quotation

Offline Exhibition

Registration Fee: USD 300/Exhibitor
Standard Booth: USD 380/ ㎡ (Min. 9 ㎡)
Raw Space: USD 350/ ㎡ (Min. 18 ㎡)

Strategic Partners

Diamond Partner USD 16,800
Platinum Partner USD 11,500
Golden Partner USD 4,500
• Please contact us for the "Brand Promotion Scheme" to get more information.

Conference Fee

Join with Sponsorship
Diamond Sponsor USD 12,500
Platinum Sponsor USD 8,500
Golden Sponsor USD 4,500

Become a Speaker
Exhibitors (⩾54 ㎡): free for 1 quota
Exhibitors (< 54 ㎡): USD 800/quota
Non-Exhibitors: USD 1,800/quota

Conference Tickets
1-Day Ticket: USD 60
3-Day Ticket: USD 90
Online Ticket: USD 60
• The above quotation does not include 6% VAT

INTERFOAM®
CHINA

More Information?

Ms. Carrie He   Sales Manager
+86 10 5867 7003
yaning.he@hjtexpo.com

Ms. Shuping Liu   Sales Manager
+86 10 5288 4791
liushuping@interfoam.cn

Mr. Ouyang   KA Manager
+86 10 5867 7299
ouyang@interfoam.cn

Mr. Andy Liu   Sr. Sales Manager
+86 10 5867 7068
shaocheng.liu@interfoam.cn

"Follow us"

Originated by HJTEXPO

HJTExpo 汇捷通

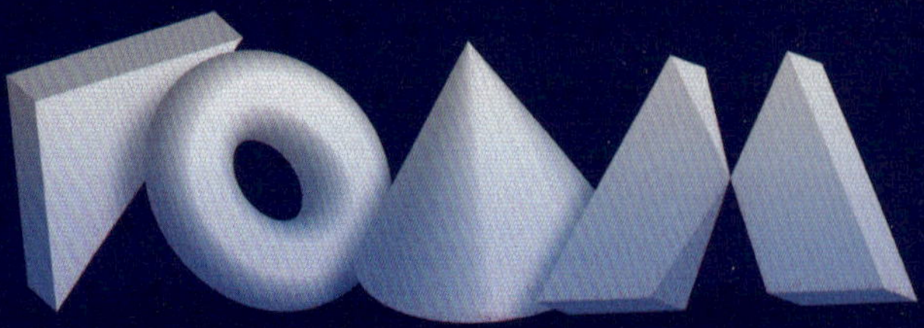